厭女、猥褻、壓抑

帶你窺探集體沉默的變態文化

痴漢心理學

前言

大家好，我是精神保健福祉士與社會福祉士齊藤章佳。

目前在東京大田區的「大森榎本診所」幫助酒精中毒、藥物中毒、賭博成癮、厭食症、慣性偷竊的患者擺脫這類病態，協助他們找回健全的人生。與此同時，也每天面對向女性施加性暴力的男性。是的，就是那些犯下強姦、強制猥褻、兒童性侵害、偷拍、暴露、內衣偷竊與痴漢案件的人。

為什麼照顧成癮症患者的診所要面對這些性暴力的加害者，也就是性犯罪者呢？這是因為在這些慣犯的脫序行為背後，藏著性成癮症的問題。

或許有讀者會覺得「你居然每天跟那麼可怕的人面對面相處啊」。但其實這些人是「再普通不過的男性」。或許有讀者會覺得「自己不會碰到什麼性犯罪」，但正因大部分的性犯罪者看起來「與常人無異」，所以這也成了他們的偽裝，讓他們能在生活中對別人進行性騷擾。最顯著的例子就是痴漢。痴漢這種犯罪行為主要發生在上下班、校園往返這類每天周而復始的例行生活之中。

本書應該是日本第一本介紹「痴漢」的專書。

為什麼在種類眾多的性犯罪之中，特別挑出痴漢介紹呢？這是因為痴漢是最接近我們生活的性犯罪，被害人更是不計其數，這也意味著加害者不在少數。雖然來本診所接受治療的患者，多數是罪行曾被揭發的犯人，但全日本還有許多痴漢未被逮捕，有些則是被逮捕了一、兩次卻沒接受懲罰，因而日復一日不斷犯下相同的罪。

痴漢雖多，卻很少人曝露在陽光底下，而這才是痴漢的最大問題，但整個社會卻對「痴漢」有一種錯誤的定見，以為他們是性慾旺盛、看起來很噁心、很猥褻的男人，或是不受女性青睞的醜男，所以就算想盡量根除痴漢，卻無法擬定適當的對策。

我覺得痴漢這類日常可見的性暴力以及社會面對痴漢的態度，是日本性犯罪問題的縮影。了解痴漢的真面目，透過痴漢案件了解他們的想法，是根除痴漢的第一步。

痴漢是一種後天學習的犯罪行為，換言之，只要接受教育與矯正治療就能阻止再犯。目前已知的是，在各種性犯罪之中，痴漢是相對再犯率較高的種類，如果能讓他們為自己的罪行付出代價，讓他們在專門的醫療機構接受治療，肯定能阻止他們再犯，痴漢的案件也會減少。為此，我們在日本成立了第一個「再犯防止療程」，這個療程在二〇一七年進入第十二年。

本書要告訴大家，在這十二年內我所認知的痴漢的真面目。

沒有男性生來就是痴漢，也沒有男性是為了成為痴漢而出生，他們是在這個社會自然而然成為痴漢的。找出成為痴漢的來龍去脈，為此擬定痴漢撲滅策略，就是本書的最終目的。

第4章 想戒也戒不掉——越來越亢進的加害行為

第5章 既不反省也不贖罪的加害者——超高的再犯率

第1章

大學畢業、上班族、有老婆小孩——

痴漢是怎麼樣的人？

痴漢是最接近我們生活的性犯罪

聽到「痴漢」二字，最先聯想到的關鍵字恐怕是「客滿的電車」吧。在擠得跟沙丁魚一樣的電車裡，男性趁亂對女性施加的性騷擾——這應該是社會對痴漢這種犯行的定義吧。

但在實際的痴漢犯行裡，這不過是冰山一角。首先要說的是，被害人不限於女性。日本法務省每年都會發表「犯罪白皮書」，而二〇一五年版的犯罪白皮書指出，從二〇〇五年至二〇一四年的「強姦、強制猥褻通報案件與被害率」的趨勢如【圖一】所示，每年有一定數量的男性受到強制猥褻，而且這還不是男性遇到痴漢的數字。

強制猥褻不一定等於痴漢犯行，因為痴漢通常以違反「迷惑防止條例」（類似公共危險罪）裁罰。簡單來說，是以隔著衣服、內衣接觸，還是將手伸入內衣作為裁罰基準，前者屬於「違反迷惑防止條例」，後者則被視為程度更加惡劣的

【圖一】強姦、強制猥褻通報案件與被害率的趨勢

年度	強姦		強制猥褻 女子		強制猥褻 男子	
	通報案件	被害率	通報案件	被害率	通報案件	被害率
二〇〇五年	2,076	3.2	8,534	13.0	217	0.3
二〇〇六年	1,948	3.0	8,140	12.4	186	0.3
二〇〇七年	1,766	2.7	7,464	11.4	200	0.3
二〇〇八年	1,592	2.4	6,928	10.6	183	0.3
二〇〇九年	1,417	2.2	6,577	10.0	111	0.2
二〇一〇年	1,293	2.0	6,866	10.4	161	0.3
二〇一一年	1,193	1.8	6,709	10.2	161	0.3
二〇一二年	1,265	1.9	7,087	10.8	176	0.3
二〇一三年	1,409	2.2	7,446	11.4	208	0.3
二〇一四年	1,250	1.9	7,186	11.0	214	0.3

*「被害率」指的是每十萬人口的通報案件數量（男女分開計算），唯獨強姦的被害率為每十萬名女性人口的通報案件數。

*若單一件事有多位被害人，則以主要被害人計算。

強制猥褻罪。「偷窺」或將女性裙底春光拍成照片或影片的「偷拍」也都會以「違反迷惑防止條例」裁罰。

此外，加害者的性別並不固定，男性被男性騷擾或女性被男性騷擾的例子都不算少見。【圖一】雖未列出「強姦類」的男女統計資料，但在二〇一七年日本刑法修正之前，強姦的前提為「男性性器插入女性性器」，所以男性未被納為強姦的受害者。目前仍不知道強制猥褻者的男女比例，但從該白皮書的調查對象來看，男性加害者共一七八八人，女性加害者共三人，男女比例約為九九．八比零點二。

男性的強姦被害人確實存在。有意見指出，在這個根深蒂固以為男性不會被性侵的社會裡，男性比女性更難主張自己被性騷擾。刑法修正後，強姦罪升級為「強制性交罪」，強制肛交或強制口交都屬於強制性交罪，男性也可被列為被害人，也必須擬定男性受害之際的對策。

雖然男性被害人的確存在，但更多的是女性被害人。男性被害人的人數雖然不多，也當然不容忽視，但本書只要沒有特別指明，書中提及的痴漢案件通常是指男性對女性施加的暴行。

痴漢案件不一定只在電車內發生，有時也會於路邊發生，甚至有些痴漢將電影院或書店視為絕佳的「下手地點」。一到夏季，游泳池或現場展演空間這類人擠人場地也一樣危險。車站、商業大樓的電梯、手扶梯都常傳出只是擦肩而過，就被亂摸一把的痴漢事件。從痴漢角度來看，這些都是「容易下手，不易被抓」的地點與場景。

將電影院視為獵場的痴漢專挑女性觀眾較多的戀愛電影，趁黑犯下罪行。在電影院、現場展演空間、書店這類人們專注於某事某物的情況下，被害女性較不容易在第一時間察覺犯行，對痴漢而言，這些都是絕佳的犯案場所。

在夏季的游泳池裡跟著一大群人隨波逐流時被摸了一下，或是在泳池邊被擦肩而過的陌生人碰了一下時，有些女性可能只會覺得「是我多想了吧？」不會因此小題大作，但痴漢特別會利用這種心態犯案。

喜歡在路邊犯案的痴漢特別愛穿不容易發出腳步聲的氣墊運動鞋，因為這樣比較容易潛到女性身邊，犯案之後也能立刻逃離現場。他們也會特別換上顏色較暗的服裝，才能趁著夜色犯案。

其實很多痴漢是很認真的人，他們會事先調查哪裡最適合犯案，讓一切準備就緒。「不被抓到」是痴漢最重視的準備事項。他們會在逃跑路線萬無一失的情況下犯案，所以被害女性往往會難以通報，連犯人長什麼樣都認不清楚也不足為奇。

痴漢案件最常在哪裡發生？

本書定義的痴漢案件如下：

以手或身體的一部分強迫接觸，或緊緊黏著對象的衣服或身體的行為

性犯罪，尤其是強姦或強制猥褻罪，被害人與加害者彼此認識的比例非常高，這裡說的「彼此認識」是指家人、朋友、同事這類關係。

根據前述的《犯罪白皮書　二〇一五年版》指出，在通報的強姦案件之中，約有一半是被害人與嫌疑犯彼此認識（包含親人）的情況（圖二），而且這個比例還每年增加，一九九五年與二〇一四年的差距甚至高達兩倍以上，不過不能就此解釋成熟人性暴力的比例增加，因為親人也有可能是犯人。關係越是親近，越有可能在生活、工作與人際關係造成影響，被害人也更有可能選擇隱忍不發，但

【圖二】強姦、強制猥褻罪
被害人與嫌疑犯各種關係的比例與趨勢

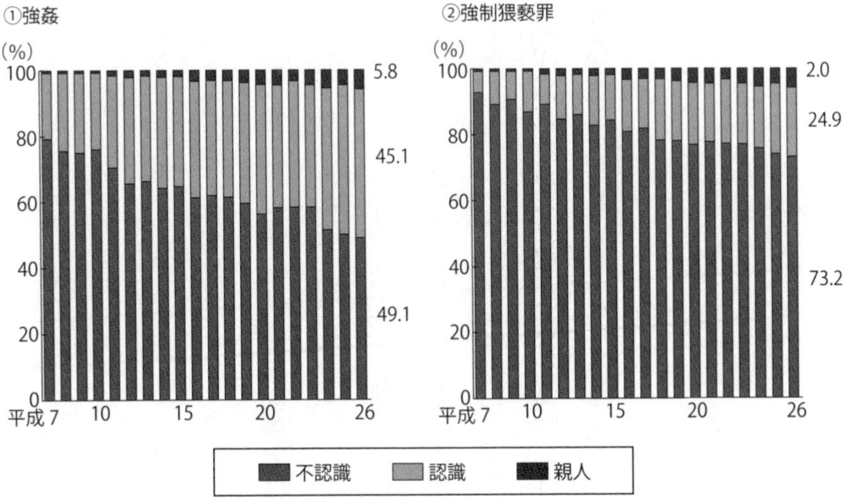

*於調查後不成立或缺乏訴訟條件的案件除外

不斷增加的比例也說明這種隱忍不發的情況正一點一滴地改變。

相對於強姦或強制猥褻罪，痴漢的加害者通常是「剛好在現場的陌生人」，被害者也通常是「容易下手的女性」，女性被害者很可能只是剛好在路邊、電車這類公共場所或是游泳池、電影院這類娛樂場所遇害，這實在是件很可怕的事。

從同一份《白皮書》來看，強制猥褻被害人與嫌疑犯的關係有七成以上是「不認識」。容我重申一次，痴漢的案件也包含違反迷惑防止條例的情況。在此列出的強制猥褻罪之中，痴漢案件到底占多少比例雖不可知，但白皮書所列出的數據的確可幫助我們了解痴漢是一種突然對陌生人施暴的行為。

一如多數人的印象，最常發生痴漢案件的場所就是電車。

要想了解痴漢都在「何處犯案」，可瀏覽日本警視廳的網站，其中詳細記載了二〇一六年東京都內性犯罪（強姦、強制猥褻罪、痴漢）的「犯罪時間與場所」。讓我們先將注意力移到由該廳管轄的東京都的性犯罪案件數吧。

「平成二十八年，強姦案件約一四〇件，強制猥褻罪約八〇〇件，痴漢案件（違反迷惑防止條例）約一八〇〇件」

這份報告將違反迷惑條例定義為痴漢案件，其中未包含強制猥褻罪，所以與

【圖三】東京都內各場所違反迷惑防止條例的情況（平成二十八年）

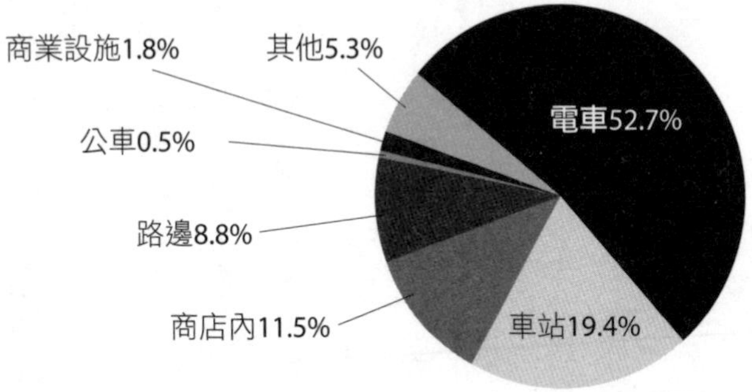

實際情況應有些微出入，但仍值得參考。痴漢案件的發生地點請見「圖三」。

不難發現，痴漢案件的發生地點有一半以上是「電車」，相較於同是大眾交通工具的「公車」，電車的犯案數量超過一百倍。這還只是被害人有報案的情況，相較於每站都有站務員的電車，公車站幾乎都沒人管理，所以更難以通報。由於難以通報，所以發生件數「看起來」才會這麼少，但背後其實潛藏著極大的問題。

本書所說的痴漢案件基本上是指「電車內的犯行」，我的再犯防止療程學員也有五成左右是於電車重複犯案的人，至於其他場所的痴漢案件則視情況提出與說明。

痴漢的通報案件數量與實際數字有極大的落差

在前面讀到「平成二十八年的痴漢案件約有一八〇〇件」之後，各位讀者有什麼感覺呢？這意味著，在東京這樣的大都會，每天約有五件痴漢案件發生。

日本警察廳曾發表二〇一〇至二〇一四年的「痴漢案件檢舉狀況趨勢」這份資料。請大家看一下【圖四】的表格。「在違反迷惑防止條例的情況裡，痴漢案件的檢舉件數（包含電車之外的地點）」與「電車的強制猥褻罪通報件數」的合計最高的一年為四二五〇件，以此類推，全國於該年發生的痴漢案件約為每日十二件，代表各都道府縣每日平均不足一人犯案。

大家都知道，這數字代表的痴漢案件不過是冰山一角，如果被害的女性都報案，犯人也都被檢舉的話，這個數字恐怕得乘上數倍。

二〇一〇年，日本警察廳曾針對二二二一名於東京、名古屋、大阪定居，搭乘電車上班、上學的十六歲以上的女性進行調查，回答「過去一年曾於電車遇到

【圖四】痴漢案件檢舉狀況（平成二十二～二十六年）

	平成二十二年	平成二十三年	平成二十四年	平成二十五年	平成二十六年
在違反迷惑防止條例的情況之中，痴漢案件的檢舉數量*註1	3686	3679	3932	3583	3439
電車的強制猥褻罪通報數量	302	298	318	303	283
合計	3988	3977	4250	3886	3722

*註1：在各都道府縣警察所說的迷惑防止條例之中，與禁止猥褻行為規定相關的檢舉件數與疑犯會要求案件需以「痴漢」、「偷窺」、「偷拍內衣」、「利用透視工具偷窺」、「利用透視工具偷拍」、「於一般會裸體的場所偷拍」與「其他猥褻行為」這些項目進行分類再報告，但表格中「痴漢」的部分則是從都道府縣警察接到報告，進行統計與整理之後的數據。

痴漢」的女性攀升至三〇四人，這比例約是整體的百分之十三點七，其中回答「遇到痴漢，卻未報案或向警察求救」的女性有二七一人，換言之，有九成的被害女性選擇隱忍。

東京、名古屋、大阪這些大都市的上班、上學時段非常繁忙，對痴漢而言，每天早上都會出現混入人群犯案的絕佳機會。

所以不那麼擁擠的電車就不會遇到痴漢？當然不是，有些痴漢會基於滿載的電車無處可逃這點，而不選擇在客滿的電車犯案。

此外，痴漢不會只對同一位被害人犯案。雖然有些痴漢會鎖定特定類型的女性犯案，但每次選擇不同的女性犯案的數量還是壓倒性的占大多數。

美國研究人員埃布爾曾發表一份調查報告，其中指出一名性犯罪者一輩子約對三八〇位被害人犯案。雖然這個數字也包含強姦或強姦殺人的情況，但的確有每天挑選不同女性犯案的痴漢，所以若單就人數來看，被害者人數在幾年內便會迅速攀升。

被逮捕之前，連痴漢本人都數不清自己犯案的次數，而從這點來看，「日本全國每日約有十二名女性遇到痴漢」的數據也絕對與現實相去甚遠。

惡名滿天下的「Chikan 大國．日本」

放眼全世界，在大眾交通工具中發生的性暴力事件能如此司空見慣、如此頻傳的國家真是少之又少。聽說英國最近也有不少電車痴漢的案件，為了應付這類案件的專門團隊也正在擬定對策。反觀日本，自古以來痴漢早已是根深蒂固的社會問題，卻幾乎沒有擬定任何對策。

日本長久以來，對於防止性犯罪者再犯的對策總是慢半拍，例如讓監獄裡的性犯罪受刑人接受防止再犯療程的制度是到二〇〇六年才正式啟動，而這項制度是因為二〇〇四年發生了「奈良小一女學童慘遭殺害事件」才成立。殘忍地奪走幼小的生命，還褻瀆屍體的犯人被發現有兒童強制猥褻的前科，所以當時的小泉內閣才急忙整頓上述的療程，至於該療程是否妥善，後續將為大家解說。

在設計療程的時候，所方參考了加拿大的療程，保護觀察所也同樣參考了英國的療程。這兩個國家都是防止性犯罪再犯的先進國家，不過當時的相關人員也發現一件事，那就是這兩國的療程沒有「痴漢」的內容。

防止再犯的先進國家意味著性暴力的問題曾經非常嚴重。這兩國的性暴力犯罪主要是強姦，其中也有不少發展為殺人案件，所以才針對防止強姦與強制猥褻罪再犯擬定了周詳的計畫。但是，「在公共場合對素不相識的女性進行未經許可的性接觸」……也就是相當於痴漢的案例完全未被列入。

那麼經過十年這漫長的歲月後，日本對痴漢有進一步研究了嗎？我只能遺憾地說：「No」，所以專門研究痴漢的相關書籍一本也沒有。全國各地每天都有很多被害人的犯罪居然沒人研究？如此頻傳的性犯罪居然沒人重視？無怪乎今天仍有許多痴漢橫行。

痴漢之所以被如此忽略，原因之一是大眾對被害者的輕忽。

許多人對於痴漢案件的看法都是「不過是屁股被摸一下而已」、「犯不著小題大作吧」、「被摸一下又不會少一塊肉」，這些分明是極不合理的看法，因為被害的嚴重程度不是由第三者判斷。

搭乘大眾交通工具就可能被陌生人摸私處，光是想像就覺得毛骨悚然。這等於是未經同意就被侵犯身體安全領域，會害怕也是理所當然的。私底下因為被痴漢侵犯而再也不敢搭電車、沒辦法上學／上班、被迫辭職、無法適應社會的女性遠比想像來得多。

就實際案件來看，其實大部分的案件都不只是「摸一下屁股」而已。某些案件的痴漢是把手伸進內衣褲裡，有的案件甚至是一群痴漢圍攻一名女性，有的則是坐在女性旁邊，用外套蓋住自己與女性的身體再加以猥褻，這種卑劣、惡質的犯行每天都在日本這個國家上演。

整個社會都覺得痴漢案件「沒什麼」的話，誰最開心？當然是痴漢本人。輕忽被害者就等於聲援痴漢。

不把痴漢揪出來，放任他們逍遙法外，只會讓這些痴漢暗自竊喜。後面會提到，要讓痴漢停止作案，就必須逮捕他們，但如果這個社會不了解痴漢的真面目，就無法有效地取締這類犯行，更遑論逮捕他們，最終，將使日本成為痴漢天堂。

痴漢案件於日本各地蔓延一事已世界皆知，「Chikan」也如「Tsunami」、「Ramen」一樣，成為「世界語」，但這實在不是什麼光榮的事。

現在已是成人內容無遠弗屆的時代，網路上有無數的日本成人影片（AV），在世界任何一個角落的人都能隨時點閱。這些日本成人影片有許多是「痴漢類型」，這類型的影片也讓「說到日本就想到痴漢」這個刻板印象更加深植人心。

為了學業或工作而長期滯留日本的外國人，也在停留日本期間學會了所謂的痴漢行為。在日本就業、結婚、娶妻生子的外國男性一邊融入社會生活，一邊不斷犯下痴漢罪行的例子我已經不知道看過幾次。被迫站上法庭接受審判的這些外國人，往往會大聲地說「我在母國不曾犯案」、「是來日本之後才學壞的」，我甚至聽過有外國人是為了犯案才造訪東京。

為了讓日本洗刷痴漢天堂這個污名，讓每個人都能放心地搭乘電車，就必須了解這些犯人為何成為痴漢，作案又能得到什麼好處，又該如何導正他們的行為，換言之，必須先了解痴漢的真實面貌。乍看之下，這麼做似乎是繞遠路，但其實是最快的捷徑。

為什麼擠滿乘客的電車總是有痴漢橫行呢？

日本為什麼會有這麼多痴漢橫行呢？

原因之一是方便下手的環境非常完善。其中莫過於客滿的電車。

【圖五】東京都內性犯罪（強姦、強制猥褻罪、痴漢）犯案情況（平成二十八年全年）

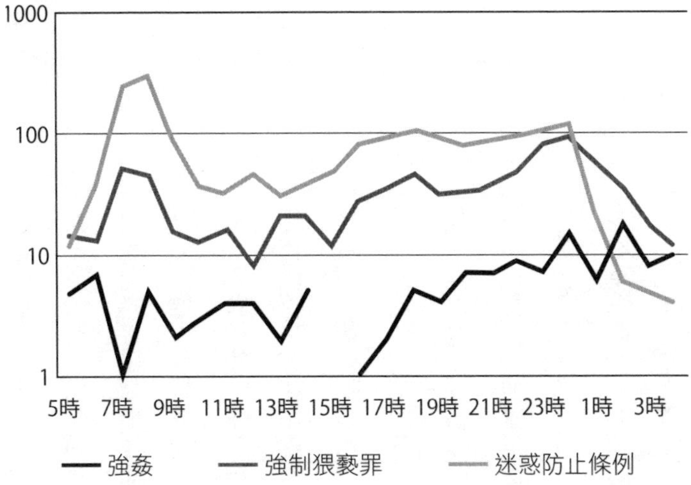

容我重申一次，痴漢不只出現在滿載的電車，但越擠的電車，對痴漢來說越方便下手也是不爭的事實。從二十一頁【圖三】的網站的「時間與地點」調查東京都內性犯罪的時段與犯案情況，再將調查結果整理成【圖五】之後，可發現痴漢案件好發於上午七～九點，上班上學的尖峰時段特別多。過了這個時段之後，案件數量銳減，到了傍晚至晚上這段時間，數量又開始增加。

日本，尤其是都會地區電車的擁擠程度已超乎正常人所能想像。根據JR東日本發表的「各站乘車人員統計　二〇一六年度」指出，被金氏紀錄認證為全世界乘客最多的新宿車站每天平均有七十七萬人搭乘。據統計，靜岡市的人口差不多是七十萬人，換言之，超過一個靜岡市的人口全擠在這座車站。小池百合子東京都知事（二〇一七年八月）於二〇一六年競選東京都知事時，提出了「解決電車過於滿載」的政見，可見都會地區的滿載電車已是行政部門必須盡速解決的社會問題。

一堆人擠得像沙丁魚的車廂是一種超乎現實的空間。不管男女老幼，所有人都「肌膚相親」隨著電車搖晃。我每天上班搭乘的電車也一樣，每一站都必須由站務員將乘客塞進車廂，我也有種乘客似乎是物品的錯覺。雖然這是壓力爆表的體驗，但每天還是得為了上班上學擠進電車裡。

在這樣的空間裡，人就像是「不具名的存在」。每個人都有自己的名字、人格，在家庭扮演自己的角色，在公司也有職銜，但一擠進如此混雜不堪的車廂裡，就與其他塞進滿載電車的人沒有兩樣。此時的我們分不清自己與他人的責任界線，但對痴漢而言，這無疑是極富魅力的空間，這也是超過一半的「痴漢案件」在電車車廂發生的理由。

我一定會請再犯防止療程的學員徹底回顧：「到底為了什麼才一再犯下痴漢

罪行呢？」不過有些學員會回答：「都是滿載的電車帶壞我」，但不是每個人都會在如此擁擠的車廂裡犯案。滿載電車只是提供了一個痴漢犯案的溫床，所以將滿載電車視為犯罪動機的人，只是在推卸責任而已。

痴漢與其他性犯罪者都是怎麼樣的人？

每當性犯罪事件躍上新聞版面，加害人的「特殊性」往往會被一再強調，例如性慾很強、平常就是怪人等。當觀眾看了這類人物側寫後，會誤以為性犯罪者是怪物，女性觀眾會因為自己身邊沒有類似的人而放鬆警覺，男性觀眾則會因為自己不是這樣的人而放心。

也常看到性犯罪者的成長過程都很扭曲的解說。換言之，成為加害人的男性曾在小時候被虐待，尤其是受到許多性虐待或暴露在充滿性暴力的環境下，他們也因為這些受害經驗而不自覺地犯案。

不過不是每個性犯罪者都有如此悲慘的過去，尤其當我與許多性犯罪者接觸之後，發現「大部分的性犯罪者都是極為普通的男性」。

他們都是有正常家庭，為了家庭認真工作、適應社會生活的人，也都是一旦犯案，會讓身邊的人異口同聲地說「沒想到他會做這種事」的人。

真要說的話，性犯罪者，尤其是痴漢都是「再平凡不過」的人，很多都是在父母親的呵護下長大、讀完四年大學就業、結婚生子的男性。外表也極為平凡，也有不少是看起來弱不禁風，不太可能會對女性施暴的類型。所以老婆、父母親、小孩、公司同事與朋友作夢也不敢相信，這樣的人會在每天上班的時候對女性犯下痴漢這類行為——這就是真實的「痴漢人格」。

如果搭電車時，遇到很粗魯的男性站在背後，不論這位男性的本性如何，大部分的女性都會有所戒備才對，但如果是沒有任何特徵的平凡男性，女性還會戒備嗎？這種能讓女性放鬆戒備的個性是他們最大的利器，也正因為他們「毫不起眼」，所以才能混進滿載電車這種隱匿性極高的空間，滿足他們那卑劣的慾望。

從十二年累積的經驗得出的「痴漢人格」

自我們舉辦以性犯罪者為對象的再犯防止療程之後，二〇一七年至今已進入第十二年，到目前為止約有九百人次接受療程。雖然療程是講解性犯罪，但其實包含強姦、兒童性害、痴漢、偷拍、偷窺、曝露狂、偷內衣這些項目，療程內容可說是包山包海，二〇〇六～二〇一六年的學員組成請參考【圖六】。

接近一半比例的摩擦癖是性成癮症的一種，下列是相關的基準。

・症狀至少長達六個月，會因未經他人同意的接觸或身體磨蹭而感到強烈的性刺激，進而產生幻想、衝動，或是不斷反映於日常行動之中。

・因未經同意的接觸所產生的性衝動，有時會升級為實際行動，患者會因這類性衝動或幻想而感到痛苦，導致無法適應社會、公司或其他重要領域。

請把這裡提到的摩擦癖與強制猥褻罪歸類為痴漢行為。

接下來介紹的資料雖然不只包含「痴漢」，但是就讓我們根據這些資料，一起了解性犯罪加害人的全貌。只要掌握其中近半數的數據，就不難了解痴漢的真面目。

從【圖七】的年齡分佈來看，性犯罪加害人以三十幾歲居多，四十幾歲與二十幾歲次之，但從【圖八】也可以發現，約有百分之七十五的人會在被逮捕後接受療程。大部分的人都是慣犯，在來診所之前，都已經是長達數年或是十年以上的慣犯，被他們狼爪傷害的女性早已不計其數，連加害人都算不清楚自己究竟作案幾次。

近年來，年輕的性犯罪者逐漸增加，第一次作案是國高中時期的情況也決不少見。若是在如此年輕的時候成為慣犯，那麼在他漫長的人生裡，肯定會有不少女性受害，因此重點在於要趁早輔導或逮捕他們，讓他們接受治療。

【圖六】學員的犯行

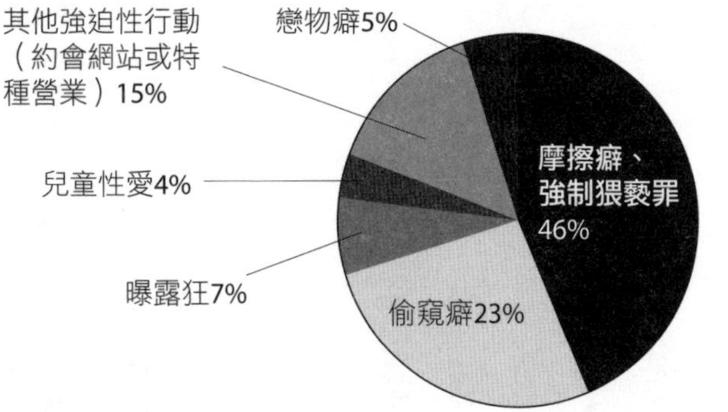

【圖七】學員的年齡分佈

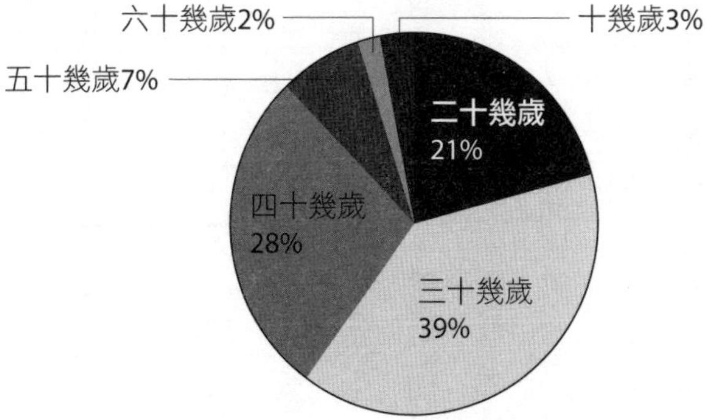

【圖八】學員的前科

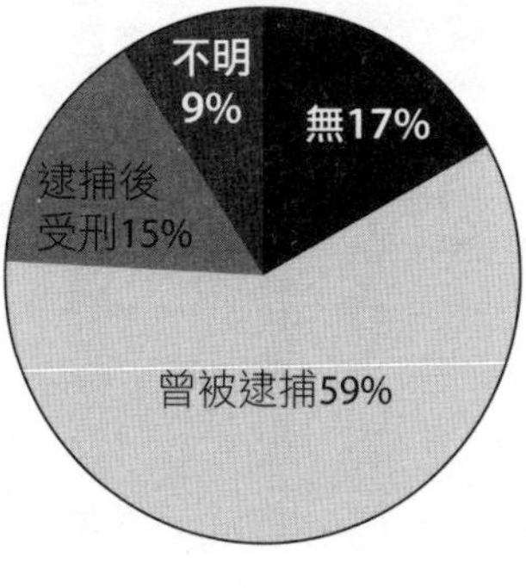

從【圖七】可以發現，二十幾歲到五十幾歲這些正值壯年，擔任社會中流砥柱的人占了九成以上，若從他們上班的交通工具為電車這點來看，電車會是犯案率最高的地點也就不足為奇了。

不過從圖中也可以發現，雖然是少數，但的確有些人是在退休之後才開始犯案。當我訪問這些相對高齡的犯人後，發現他們之所以成為痴漢，有的是為了弭平不再被社會需要的痛苦；有些則是為了彌補另一半去世之後，突然湧現的失落感；有些年老的男性則是為了重振雄風才屢屢犯案。男性很容易因為工作上的問題或情緒而脫離常軌，但失業似乎也沾得上一點邊。

請大家回頭看一下【圖八】。雖然之前已提過很多次，痴漢與其他性犯罪者通常會說「如果沒被逮到的話，一定會忍不住犯案」，就算真的被逮到，如果最終只是以和解或罰款收場，他們只會忍耐一陣子，之後又再度犯案。

但是對他們來說，「逮捕」仍是「慘痛」的經驗，也是讓他們願意接受治療的最大動機。不管是誰，被逮捕之後都有「絕不再犯」、「想改變自己」的想法，想幫助患者的家人或律師在網路搜尋到本療程之後，通常會逼患者來接受治療，也是本診所患者的典型之一。

「性慾很強，但不受歡迎的男性」是錯誤印象

從說明最終學歷的【圖九】可以發現，大部分的加害人都是「大學畢業」，若連同研究所一併計算，比例約占百分之五十四。二〇一〇年日本國勢調查指出，男性念大學、研究所的比例約為百分之二十七，換言之，算是相當高的學歷。雖然本院的樣本數不夠多，但本院的資料為「教育程度達大學的比例高達百分之三十三點二」，最常見的性犯罪者都是大學畢業的，與「犯罪白皮書 二〇一五年版」提到特徵不謀而合，所以希望大家至少要先拿掉痴漢不等於知識份子的成見。

從「圖十」可以發現，痴漢的職業絕大多數是上班族。痴漢案件最多的地點

【圖九】學員的學歷

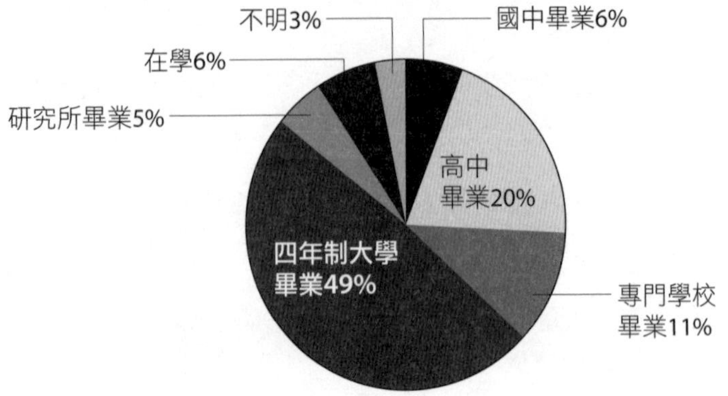

【圖十】學員的職業

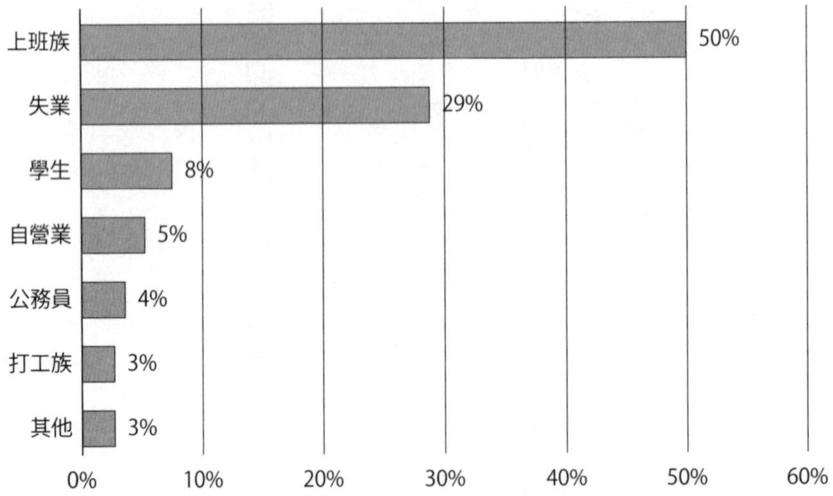

【圖十一】強姦、強制猥褻罪 加害者職業構成比例（二〇一四年）

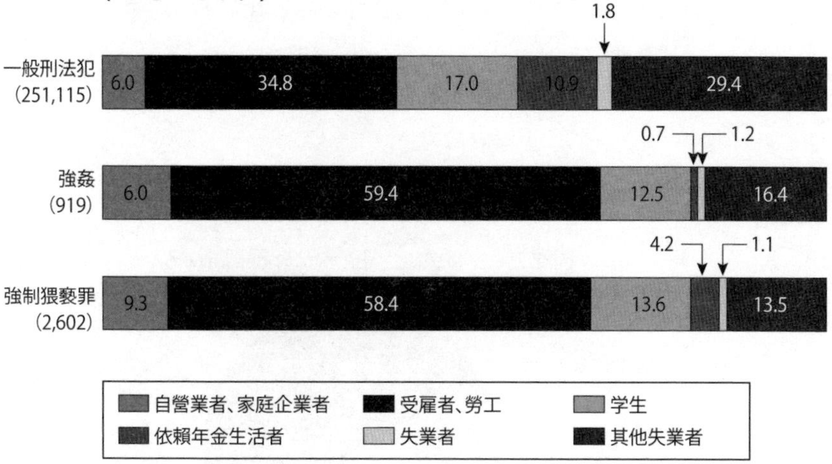

*根據犯行時的職業統計
*依賴年金生活者算是失業者之一，但依賴年金、榮保、利息、分紅、房租收入生活的人
*（ ）為實際人數。

為電車，而電車在都會地區是多數上班族每天通勤所搭乘的大眾交通工具。所以痴漢就是在這種日常生活之中發生的犯行，犯案門檻不高也是這類犯行的特徵。由於能輕易在日常生活之中犯案，所以大部分的犯人都是慣犯。

這也反映在「犯罪白皮書 二〇一五年版」的【圖十一】裡。從「強姦、強制猥褻罪疑犯的職業構成比例」來看，失業者的比例低於一般刑法犯，「受雇者、勞工」的比例異常地高，換言之，上班族的比例最高。

【圖十二】是婚姻狀況的調查結果。性相關的犯罪總是會與「沒有女人緣的人才會

【圖十二】學員的婚姻狀況

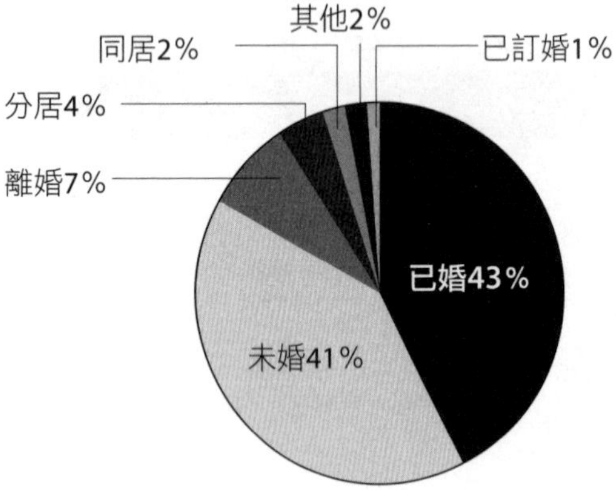

犯案」、「性慾強得憋不住才會犯案」這類意見扯上關係，但從這張已婚者超過半數的圖來看，上述的意見只能說是偏見。

話說回來，上述資料充其量是來本診所的痴漢的特徵。「犯罪白皮書 二〇一五年版」的資料則指出，被裁定痴漢罪行的性犯罪者有三成多是已婚，半數以上是未婚。

當這些人被逮捕後，自覺「必須想點辦法」的家人會透過網路或其他途徑得知本診所，再逼患者接受治療，這也是本診所患者的典型之一，所以「會接受治療的痴漢加害人通常有老婆」的說法或許才正確，但「痴漢等於未婚」、「痴漢等於沒有女人緣」的這類結論也實在太過粗糙與不夠周延。就算已婚，夫妻間的性生活也未必圓滿，夫妻生活與痴漢行為沒有正相關性的內容，也將在其他章節為大家介紹。

其實這張圖有一個部分沒提到，那就是圖中的已婚者包含有小孩的人。我發現這些人都是替孩子想很多，會積極參與育兒過程的人，其中也有人的小孩是女兒。被他們騷擾的女性也是某位父親的女兒。或許我們會覺得，如果這些犯人若也能這麼想，或許就不會變成痴漢，但其實這些犯人的共同特徵之一就是「缺乏同理心」。當我問他們「你有沒有想過你的女兒也被痴漢騷擾這件事？」這些犯人會立刻露出氣得無法原諒犯人的表情，但在他們的表情裡，看不到半點他們對被害人父親的同情，也看不到他們想贖罪的心情。

男性未婚率（到五十歲之前都未曾結婚的比例）在二〇一〇年突破百分之二十大關，二〇一五年更攀升至百分之二十三（國立社會保障人口問題研究所《人口統計資料集二〇一七》）。結婚是個人的自由，而且「結婚才能獨當一面」的日本傳統思想也越來越淡化。除了未婚不等於人格有問題之外，就現實的情況

第2章

多數的痴漢沒有勃起——犯罪者的動機

成癮症不是「邋遢者」的專有疾病

若是怎麼戒也戒不掉痴漢行為，最終來到本診所尋求治療的男性，我們都將這些男性分類為「宛如強迫症般，無法控制性行動的性成癮症患者」。

一提到成癮症，大家最先想到什麼呢？近年來有些名人因為濫用藥物被捕而登上媒體版面，所以應該有不少人會先想到這些新聞，除此之外，還可能聯想到酒精、賭博、購物、戀愛、網路，總之會想到很多關鍵字，其中或許有些是親身經歷，不然就是身邊有些人疑似有某類成癮的症狀。

WHO（世界衛生組織）對成癮症的定義如下：

不斷攝取對精神造成作用的化學物質，或重複某些伴隨著快感與興奮感的行為，並產生想進一步追求刺激的渴望，且視追求刺激的行為為唯一目的，陷入沒有刺激、心理與生理便出現不適症狀的狀態。

所謂「對精神造成作用的化學物質」指的就是酒精或藥物，至於「伴隨著快感與興奮感的行為」，只要稍微想一下賭博也就不難明白。

姑且不論藥物的影響，只要不會對健康、生活或人際關係造成影響，喝酒與賭博本身沒有問題。下班後喝個一杯，或是與親朋好友吃飯喝酒，都是紓解壓力的好方法。為了暫時忘掉不愉快或是想放鬆一下，打打柏青哥、麻將或賭一下賽馬，都算是小賭怡情的範圍。

但酗酒就不在此限。因為酗酒不僅會危及健康，還會增加支出，對日常生活造成影響，與家人、朋友之間的關係也會慢慢出現裂縫。賭博也是一樣，一旦因為濫賭而出現入不敷出的問題，甚至不惜動用信用貸款也要試試手氣的話，恐怕失去的不只是金錢，連家人、朋友與工作都有可能不保。會讓我們失去一切的病就是所謂的成癮症。

許多人以為，會成癮都是因為那些人意志薄弱、窩囊、邋遢，但這些純粹只是偏見。

「真的就再喝這麼一點」、「這次真的是最後一次」，每次這樣告訴自己，卻每次都造成傷害……明明知道不能再這樣下去，卻總是戒不掉，最終陷入「植木等狀態*」或「山本琳達狀態*」，都是所謂的成癮症。會讓我們成癮的原因就藏在我們的日常生活裡，例如工作不順利、頓失重要的人，這些可能發生在每個人身上的事件，都是讓我們引發成癮症的導火線，換言之，沒有任何人能斷言自己不會與成癮症沾上邊。

「性偏離」與「性愛成癮症」的差異

酒精、藥物、特定的某種食物，這類「物質」的成癮症可說是最為人所知的

*譯註：「植木等」與「山本琳達」皆為日本藝人。

例子，但其實成癮的對象也有可能是「人」，例如過於依賴戀人或家人就是其中之一，後者會以控制狂、虐待、家暴這類形式作為表徵。

賭博是對「行為、過程」成癮的例子。對工作、網路、減肥這類行為沉迷也是類似的例子。大家的身邊應該也有工作狂與減肥狂吧？所以成癮症不一定只會找上特定的人。

痴漢、偷拍、偷內衣這些行為成屬於「行為、過程」的成癮症，一般稱為性成癮症，與虐待、家暴的差異在於，這些人的對象是不特定的多數，他們也沉迷於騷擾的過程。

過去曾有職業高爾夫球手爆出「性愛成癮症」的新聞，在日本也一時蔚為話題。廣義來說，這也是一種「性成癮症」。性成癮症分成「犯罪」與「不算犯罪」兩種，性愛成癮症可說是足以代表後者的症狀。不論是同性還是異性，只要性伴侶不固定，染上性病或意外懷孕的風險都會大增，若需要花錢才能滿足性慾，那麼結果與賭博一樣，都會造成經濟上的損失，若還是無法就此停手，那就可判定為成癮症，只是在我們的社會裡，這種成癮症不算是犯罪。

之前被爆出性愛成癮症的高爾夫球選手是男性，但其實女性也常有這類症狀，尤其有許多女性都是藥物成癮症的患者或是透過性虐待活下來，她們必須與不特定多數的異性發生性關係來尋求慰藉。為了緩解心理的創傷與不安，她們只能一而再、再而三地重複上述的行為而難以自拔。

不算犯罪的性成癮症還有很多，例如忍不住自慰的衝動、戒不掉尋花問柳的習慣、異性裝扮、穿女裝能得到性高潮的例子，都屬於不算犯罪的性成癮症。雖然太常去特種行業場所消費的人，經濟與人際關係可能會出現問題，但只要不超過個人興趣的範圍就無傷大雅，不斷外遇的人也屬此類，但不屬於治療對象。

在這些性成癮症之中被歸類為犯罪行為的除了痴漢，還有偷拍、偷窺、偷內衣、兒童性侵害，而這些在我們的診所都稱為「性偏離」，至於強姦則別屬「性虐待症」，也是我們的治療範圍。希望大家明白，性成癮症的範圍非常廣泛，其中又細分出「性偏離」這個類型。

痴漢是沉迷「行為、過程」的表徵

屬於犯罪行為的性成癮症＝性偏離——就是施加在他人身上的暴力，痴漢也是其中的一種，是一種侵害陌生人生理界線的暴力行為。

許多人以為，會犯這種事的人都是道德淪喪的人，跟成不成癮沒有半點關係，但也有人認為「將放縱自己的慾望解釋成『疾病』，不過是種虛言矯飾」，也有人認為是種遁詞。

下面是對痴漢與其他性偏離症狀的進一步定義。

明知風險在前，卻無法控制自己對性的需求與衝動。即使心理、生理失衡，身敗名裂，也無法自拔的狀態。

這裡說的風險就是被警方逮捕。在後面會提到，痴漢不認為自己對女性施暴，所以他們一點都不覺得「有可能會傷害對方」算得上是風險，可恨的是，他們只擔心自己被逮捕、成為嫌犯之後，會因此失去家人與工作。

沉迷行為、過程的成癮症有七大特徵，這些特徵可具體解釋痴漢行為模式。

●強迫性

意思是「忍不住犯案」的心情。就算想抹去這種心情，但整個腦袋都充斥著這類想法，不採取行動就會陷入焦慮。痴漢不是只在犯案的時候是痴漢，而是一整天都想著犯案的事情，對犯案有著很深的執著。

●反覆性

這是種明知山有虎，偏向虎山行的心態。「只要不被逮捕，女性的反抗是無法阻止他們的行為的」。就算被逮捕或是得付罰金或和解金，他們還是會再犯案，所以不但不能施以處罰，還得強迫他們接受治療，避免他們再犯。

●衝動性

雖然與常人一樣知道對錯，但無法控制自己的衝動，一有念頭就不得不犯案的意思。第三章也會提到，他們常把這類衝動形容成「開關打開」，所以才說自己不太記得犯案當下的事情，只記得開關一打開，就阻止不了自己的行為與衝動。

●貪慾性

無止盡地追求更強的刺激。為了透過痴漢行為滿足這股慾望，不管會遇到什麼障礙都會試著突破。有些人甚至會試著挑戰難度更高狀況，藉此得到更強的刺激。

●有害性

痴漢行為除了造成傷害之外，毫無建設性可言，這也是鐵一般的事實。除了被害者之外，對於痴漢本身也是一種傷害，當然也會造成社會資源的浪費與經濟上的損失。痴漢其實都知道這些事，但總是告訴自己「這次是最後一次」，然後一再犯案。

●自我親和性

因為痴漢是種會造成傷害的行為，所以若對加害人本身沒有任何好處，他們不會再三犯案。後面也會提到，這裡所說的「好處」是一種像是透過霸凌滿足的控制與征服的慾望，也有可能從過程中得到成就感或是紓發壓力，換言之，對加害者而言，痴漢是種「非常划算」的行為。

●行為升級

痴漢的惡劣程度往往會越演越烈，一開始可能只是用手背碰碰女性身體，等到膽子越來越大，就開始把手伸進女性內衣褲裡，而且越來越常犯案，犯案過程也越拉越長，若能在不容易下手的情況成功，會讓痴漢更加亢奮，不過從另一面來看，這種「行為升級」也是痴漢向身邊的人所發出的求救訊號。有些痴漢被逮捕後提到「我總算鬆口氣了」、「被逮捕後，總算放心了」，這或許是被害人或整個社會都難以理解的心理狀態，但他們已無力制止自己，所以才會透過犯行向周圍發出「我真的很想戒掉」、「拜託，制止我」的求救訊號。

形成犯罪行為的性偏離需要專門治療

是否罹患成癮症依據下列兩點診斷：

・喪失控制權

【圖一】性成癮症受診者的增加趨勢

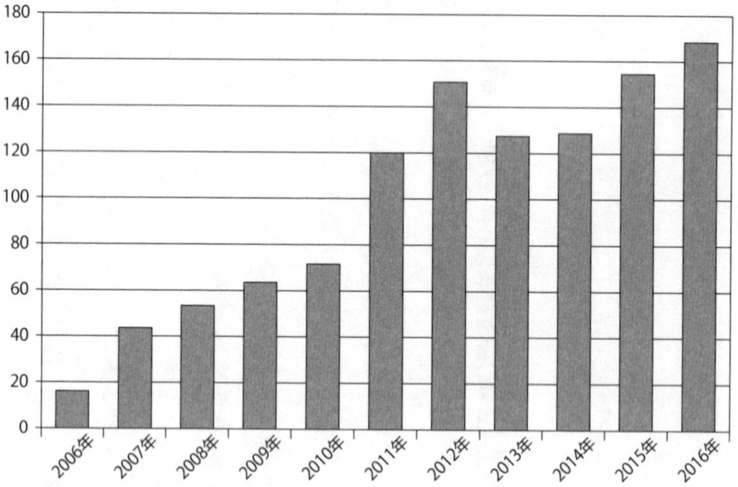

·戒斷症狀

沉溺於酒精、藥物、賭博的人，在這些事物面前是非常無力的，他們以為自己能控制這些事物，孰知他們才是被控制的那一方……一旦察覺「沒想到自己會如此無能為力」，代表已喪失控制這些事物的能力，而承認如此無力的自己，才有機會踏上復健之路。

但是痴漢或其他種類的性暴力則另當別論，因為性暴力是有被害人的，一旦承認自己「失控」、「無能為力」，等於為自己找了一個「我不用為了施暴負任何責任」的藉口。在這樣的情況下，肯定會出現被害人，所以在處理性暴力的問題是，必須先了解「承認失控，並非復健的開始」。

基於上述說法，有些人認為痴漢不該以傳統治療成癮症的方法治療，我也認為，這方面必須有更多的討論。

從【圖一】可以得知，性犯罪者、為了尋求性成癮症專科治療而來到我們診所的人，每年有增加的趨勢。

當性成癮症升級為犯罪行為，除了犯罪人本身，其家人也會遭受波及，若犯罪人本身是一家之主，失去工作更是會對家庭造成嚴重的經濟打擊，「老公或兒子對女性施暴」這件事也會造成精神層面的打擊，如果登上新聞版面，家人恐怕無法正常地就業或外出，也有可能受到朋友圈排擠。

由此可知，加害人的家族簡直是過著被丟在地獄裡的生活，但其實社會大眾真正該做的是──了解「有隱性的被害人」這件事，而不是將矛頭指向加害人的家人。「若是放任不管，恐怕會繼續犯案吧……」，如此惶惶不可終日的家人最終會被迫帶著痴漢來診所諮詢。

就現階段而言，日本國內沒有性犯罪案件激增的數據，受診者之所以會增加，或許是因為社會大眾或相關人士了解「不斷再犯的痴漢行為屬於性成癮症，是一種可治療的疾病」，而且網路普及之後，也能輕易取得專科治療的相關資訊。

不可一味地將痴漢行為視為「疾病」

「痴漢是一種稱為性成癮症的疾病」。

我希望這個概念能成為某種常識，讓更多擔心老公或兒子因為痴漢行為被一再逮捕的家人能夠了解，但在使用這類詞彙時，卻有絕不可忽略的一件事。

那就是當我們盲目地將痴漢行為視為疾病，痴漢本人很可能會覺得「既然是這樣的話，我會想犯案也很正常吧」、「既然是一種病，就怪不得我了」、「因為是一種病，所以會復發」。

但這只是一種規避責任的藉口，而且就算真的是一種病，被害者受的傷害也不會因此減輕，讓加害者得到合理脫罪的權利是一種非常不負責任且危險的事。將痴漢診斷為疾病是一種「病理化」的過程，但大前提是，不能將所有犯行都視為疾病，否則加害人便不需負起應當的責任。

為了防止療程的學員如此合理化自己的行為，我們在進行治療的時候，非常重視「從被害人的角度出發」這點，這也是因為痴漢與其他性暴力的加害人有「忘記犯行」的習性。

加害者老早就把加害他人的記憶拋諸腦後，是真的忘得一乾二淨。就算不是被害人，這也讓人很氣憤吧。永遠忘不掉自己遭受不合理暴力的被害人與加害他人，卻忘得一乾二淨的加害人恰恰形成對比。

所以我們在進行再犯防止療程時，總是會問他們：

「如果被害者聽到你忘記了，她們會怎麼想？」

「如果你是被害人，你希望加害人怎麼做？」

「如果你很重視的人遭遇相同的性騷擾，你會有什麼感覺？」

的確，痴漢有病理的一面，但加害人的這類行為卻是絕不可寬恕的，不管是他們還是我們，都必須堅守這個原則。第五章將進一步說明加害者的記憶。

此外，性成癮症是一種疾病，所以痴漢才會是治療對象，但成癮症沒有所謂的「痊癒」，「能康復，但難以痊癒」是目前的實際情形。

至於這裡提到的「康復」必須從行動面與精神面同時評量，不管是誰，被診斷為痴漢之後，都能透過治療學會抑制內心衝動的技巧與方法。只要持續抑制這類痴漢行為，也的確能在行動面上被評估為康復，但只要藏在他們內心深處的想法以及生存方式沒有改變，就不能斷定精神面也康復。

讓我們另以酒精中毒為例吧。如果能每天不喝酒，這就是在行動面上康復的意思，假設能進一步讓身邊的朋友知道你不愛喝酒，或是不再以酒力自誇，抑或懂得感謝所有事情，就能斷定在精神面上康復。反之，縱使數年不喝酒，一喝酒就變了一個人，這就不能說是「康復」，而是所謂「乾式酒醉」（Dry

Drunk），也就是沒喝酒卻宛如酒醉的心理狀態。

在康復的過程中，「社會性的成長」是相當重要的一環。成癮症是一種源自生存方式的疾病。由於這些患者太過在意外界的看法與期待，只好不斷地膨脹自我，卻又陷入無法與任何人訴苦的內心糾結中，等到再也無法承受這種來自內心深處的苦楚，只要一點點小事，就會讓他們故態復萌，回到忍不住喝酒的生活。

同理可證，性成癮症也是一樣，痴漢不僅要在行為上改善，更要矯正男尊女卑的思維，重新看待女性與「性」這件事，否則不能算是康復，至於治療的細節，請容我在其他的章節說明。

觸發痴漢行為的原因是什麼？

接下來要跟大家談談，人在什麼情況下會犯下痴漢行為，因為在談論成癮症的時候，了解「成癮的原因」是非常重要的。

【圖二】各類性犯罪的「初犯」年齡層

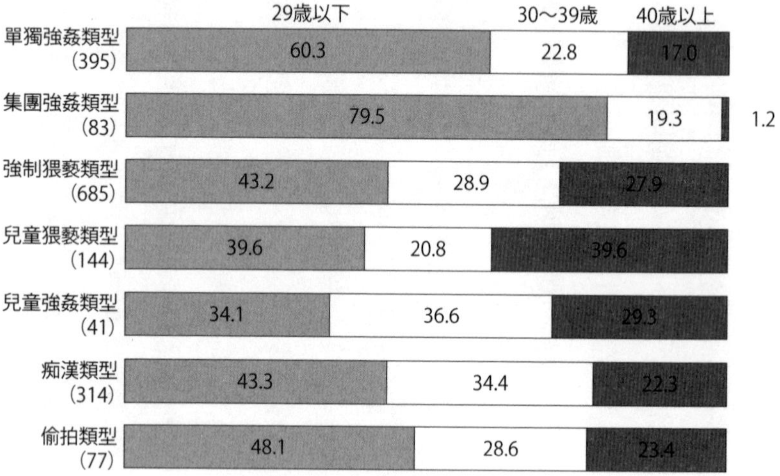

*( )之內的數據為各類性犯罪者的人數

不管是哪種痴漢，都有「第一次犯行的日子」。一如第一章所述，大部分的痴漢都是再平凡不過的男性，也不是生來就俱備成為痴漢的要素，只是因為某些理由而犯下痴漢行為就此難以自拔。

「犯罪白皮書平成二十七年版」明確記載了各類性犯罪的「初犯」年齡層【圖二】。在「痴漢型」項目之中，占最高比例的年齡為二十九歲以下，平均年齡為三十三點一歲，於犯案時，被逮個正著的平均年齡為四十一點四歲，兩個平均年齡之間的差距約有八年，相隔時間遠比其他的性犯罪來得長。若是這些痴漢在這段期間屢屢犯案，恐怕已出現許多位被害人吧。

不過我們從學員的公聽會發現，許多人早在國高中時期就開始犯案，因此被害者的人數恐怕高出帳面上的數據許多。

在治療過程中，我們問的不只是初犯的年齡，也會詢問是基於什麼事件才犯案。其實每個痴漢的犯案動機都不一樣，也很難分類他們，但是若硬要提出一個典型的例子，那就是下列故事之中的主角。

【實例一】

公司有個很討厭的上司。我剛進公司的時候，就跟他不太合，我也覺得自己好像被他盯上了，今天也因為一些小事而被他罵得狗血淋頭，但我覺得他大可不用在同事或後輩的面前對我人身攻擊吧，我的自尊心

都被踐踏得蕩然無存了。唉，真想辭職，心情又悶又亂，覺得無可奈何。

正當我這麼想的時候，身體隨著電車搖晃的我，不小心拿著包包的那隻手的手背碰到前方女性的屁股。那股柔軟的觸感彷彿電流般直擊我的大腦。靜下來之後，我悄悄地把手背靠在這位女性的屁股上面。明明我是故意的，但這位女性卻毫無察覺。太棒了，這真是前所未有的興奮感，我彷彿著魔般地，沉醉在這股興奮之中，甚至覺得被上司人身攻擊的事也不值得一提了。

雖然這麼說對被害人很抱歉，不過對這些痴漢而言，這不過是「新手的好運氣」，明明是在未經同意的情況下碰到女性的身體，卻沒被罵，也沒被逮捕，讓這些痴漢誤以為「原來犯案這麼簡單啊」。

我們的確會因為隨著電車搖晃而不小心碰到別人的身體，尤其擠滿人的電車更是如此。就算對方是女性，也不會覺得被碰到有什麼好奇怪的，但這偶然的身體接觸，卻有可能催生出一名罪犯。

在聽過許多療程學員的故事之後，我發現觸發痴漢犯行的事件都是微不足道的小事。大部分成為犯人的男性在初犯之前，都會觀看一些痴漢題材的A片，或是瀏覽能與痴漢同好交換情報的網站，但這些行為與實際的犯行可說是兩碼子事，就算被這些A片或資訊影響，敢擬定犯案計畫，鼓勵自己「今天要變成痴漢」、「今天要犯案」的人其實很少。對他們來說，痴漢是「在巧合之下開始」的行為，他們一不小心就推開了成為痴漢的大門，沒有所謂的下定決心，更沒有所謂的覺悟。

目擊痴漢犯案，自己也變成痴漢——可怕的連鎖反應

「偶然」是催生痴漢的關鍵字。下個實例也是從多位學員口中聽到的內容，所以也可當成典型之一的例子。

【實例二】

某天，我親眼目睹了痴漢。我搭乘電車的時候，看到某位站在女高中生背後的男性將手伸進女高中生的裙子裡大摸特摸，但那位女高中生既沒露出討厭的表情，也沒大喊救命。

電車到了下一站之後，那位女高中性便若無其事地與一同搭車的女同學下車，兩人還在月台有說有笑的。什麼啊，原來這些女孩並不討厭被摸啊，還是說，她們很享受被摸？亂摸她們居然沒事，這真是太驚人的發現。既然這樣，我也要試試看。

偶然發現的痴漢行為成為「最初的體驗」，也催生出新的痴漢……這還真是令人覺得噁心的連鎖反應。沒有人知道故事裡的女高中生有沒有露出厭惡的表情、有沒有邊笑邊下車，但是對這些痴漢而言，「女高中生沒拒絕」才是所謂的事實，是比理論更真實的證據，而且那幅景象深深地烙印在他們心中。

偶然的親眼目睹與身體接觸，觸發了這些男人的開關，讓他們成為了痴漢。很少人敢一開始就大膽犯案，通常只是用包包遮住手，偷偷地碰觸女性的身體，或是配合電車的搖晃，故意將下半身抵在女生的身體上，盡可能做一些不會被逮的犯行，等到他們嘗到「就算這樣大膽也不會有事」的甜頭，就會越來越大膽，而且越來越習以為常。

說是越來越大膽，其實也有不同的面向，有些人原本只敢透過衣服接觸，後來變得更把手伸進內衣裡，有些人則是原本一週犯案一次，後來演變成每天都犯案的程度。

沒那麼惡劣，所以女性不會受傷？天底下哪有這回事，唯一可表達的是，若能讓這些男性在習慣犯行或升級犯行之前戒掉這類行為，就能避免女性受到更嚴重的傷害。

如果能在這些男人變成慣犯之前就逮捕他們，當然是最理想的結果，但他們的技巧與手段也會隨著犯案次數的增加而越來越精湛。前面也提過，被害女性報警抓人的例子只是冰山一角，但這完全不是女性造成的，因為對於怕得動彈不得的女性而言，報警是件很難的事，而且大家都知道，一旦報警，勢必對女性的心理與時間造成沉重的負擔，她們也很害怕「被報復」。在對痴漢絕對有利的環境條件下，女性該做的第一件事又是什麼呢？

其實前述的偶然接觸真的很常見，也沒什麼好責備的，如果真的讓女性感到不舒服，那麼立刻道歉就夠了。就算當下真的覺得很刺激，大部分的男性並不會因此成為痴漢，因為誰都知道痴漢是一種犯罪。

但有部分男性卻會因此「嘗到甜頭」，進而成為慣犯。一旦被逮捕，他們就會失去工作、家人的信賴、社會地位，但也因為風險這麼高，所以他們才會沉迷於這種性偏離帶來的興奮。

痴漢是為了排解性慾才侵犯女性？

由於痴漢是種性犯罪，所以無法與「性」分開來看待，這也讓許多人以為痴漢就是「無法壓抑性慾的一群人」或是「沒機會解放性慾的人、不受異性歡迎的人」，但這只將犯案動機解釋成「性慾」，並將犯案所得的好處解釋成「排解性慾」而已。

其實促使痴漢犯案的動機不只是性慾。若說得更準確一點，如果將所有性犯罪的動機都解釋成性慾，就有可能忽略性犯罪的暴力本質，這也是非常危險的一件事。

在為大家介紹性犯罪的暴力本質之前，我要為大家介紹採訪兩百位左右痴漢的調查結果。這份調查是本診所在二〇一三年實施的，下列則是「犯案時，是否勃起」這道問題的答案分佈狀況。

・於犯案之際勃起：約三成

・未於犯案之際勃起：約五成

・有時勃起，有時未勃起：約兩成

沒想到居然有超過一半的痴漢在犯案時沒勃起。陰莖勃起是男性最明顯的性反應，大家也都知道，只要沒勃起，男性就無法從事滿足性慾的行為。

這份調查結果來自痴漢的親口所述，換言之，是一份痴漢的自我陳述，所以在可信度或適當性上可能有點瑕疵，我們也只是參考而已，必須等到更大規模的調查或以更客觀的方式測定犯案者是否勃起，才能得到可信的調查結果，但是要在犯案的當下觀測幾乎是不可能的任務。

不過這份調查給了我們一個非常明確的提示，讓我們更有機會了解痴漢的犯案動機。超過半數以上的痴漢沒有勃起——這與我在再犯防止療程與多位痴漢面談的結果相當吻合。

這份調查也同時指出，在犯案過程中勃起的痴漢也有一定的人數，意味著，的確有為了排解性慾才犯案的痴漢。此外，雖然為數不多，但也有在電車犯案之後，跑到車站廁所自慰，重整心情的痴漢，他們似乎要透過這個儀式才能覺得犯行「完成」了。

有些痴漢需要的不是接觸女性的身體，而是在車廂內，將精液射在女性的身體或衣服上。這種類型也是以性慾為動機，但比例極低，就我印象所及，二十人之中或許不到一人。女性雖然沒被直接碰觸，但這仍是非常令人震驚的事情，很容易在心裡留下陰影。

能在特種行業場所解決性慾就不會變成痴漢？

就我從再犯防止療程或小組討論來看，性慾高漲的痴漢其實只有一小部分。犯下強姦、兒童性侵害這類暴力型性犯罪的加害者就比較多嗎？其實不然，但的確有性慾異常的痴漢。

曾因犯下多起強姦案而被收押過的男性一看到女性，便不由自主地性慾高漲，進而再次犯案，這感覺就像是在狩獵，而女性就是他的獵物。儘管我是為了向他解釋再犯防止療程才與他面談，他卻一見面就開黃腔。明明他是個理性的人，但連他自己都知道他的那股性慾真的異於常人。

不過在那些因為痴漢行為而曾被逮捕的學員之中，幾乎見不到這類性慾強烈的例子。有意見指出，這些人的罣酮，也就是控制性慾的男性荷爾蒙是否較一般男性來得高，但目前沒有這類研究證實。我認為隨便將荷爾蒙的高低與犯罪行為畫上等號，是件非常危險的事，因為性犯罪並非源自「荷爾蒙的影響」。

如果是為了「排解性慾而犯案的痴漢」，那麼只要能在其他情況下排解性慾，他們就不會犯案。

在療程的過程中，我會問問他們平常的性生活如何，也才發現並不是每個學員的性生活都很糟糕，其中甚至有夫妻恩愛，常有性行為的例子，所以由此可知，犯案與否，與性生活是否充實或性冷感沒什麼關係。

連學員自己都說「我也以為是自己性慾太強才會犯案」。再犯防止療程是為了讓他們徹底學會不再傷害女性的方式，而在療程進行時，我會發白紙給學員，要他們回想一下，在什麼情況下會忍不住犯案，如果又遇到相同的情景，又該怎麼控制自己，有些人會在這時候寫下「去特種營業場所發洩」，這是不容忽視的意見。

我問他們，在不斷犯案的時候，是否曾去特種營業場所發洩，回答「有去」的有一定的人數，可見去特種營業場所發洩，無法壓抑那股犯案的衝動，如果無法自行察覺這個事實，就無法拿掉「都是性慾惹的禍」這個自己加諸在自己身上的有色眼鏡。

工作、人際關係……這些不起眼的煩惱是成為痴漢的開端？

那麼痴漢到底是為了什麼，才泥足深陷，屢屢犯下對女性施暴的犯行呢？

讓我先從答案說起。痴漢犯行是他們「排解壓力的方法」。

只要是現代人，就一定有壓力，這壓力有可能來自工作，也可能源自人際關係，不管是社會、生活圈還是家庭，都藏著許多壓力源。

不過大部分的人都很擅長與這些壓力相處，例如去運動，讓自己流點汗，或是去卡拉OK鬼吼鬼叫，抑或看一些自己喜歡的動漫、去看看畫展、跟比較親近的人訴苦，甚至是喝美酒吃美食、乾脆來趟旅行、大笑一場、睡個飽覺……。

就算很難在忙得團團轉的生活中騰出這麼一點排解壓力的時間，但每個人都有「只要這麼做，心情就會放晴」的方法，只要一有時間，就會一頭栽進這些事物裡，而且這種想法也能成為每天的鼓勵，這也稱為對壓力的「因應措施」（coping）。

痴漢與其他性犯罪者都是壓力滿滿的現代人，跟我們一樣，每天都得學習與壓力相處的方法，唯獨他們有一個很大的問題，那就是他們選擇以性騷擾的方式因應壓力。

「原來壓力是迫使他們犯案的原因」——許多人無法接受這種因果關係，但如果不了解這些痴漢的腦子在想什麼，就無法找到防止他們再犯的對策。

下列是從療程學員口中聽到的內容。

·我每天都覺得工作很有壓力，每到公司的預算編排時期，就會忍不住犯案。

·只要被上司罵，那天一定會在回家的電車上狩獵犯案的對象。

·在家我是好老公、好丈夫，但妻子的強勢讓我備感壓力，所以才在通勤電車上不斷犯案。

這些促使他們犯案的事情稱為「觸發點」（Trigger）。我請學員回想一下，自己的觸發點是什麼之後，得到「業績」、「結算」這類答案。應該有些人的習慣是「越忙越想喝酒」對吧？此時工作壓力就是讓你渴望酒精的觸發點。一醉解千愁算是比較妥當的壓力因應法，但有部分男性無法這樣滿足自己，想要犯案的「渴望」才會越來越強烈。

日常生活有許多觸發點。一如各省廳提出的「長時間工作是迫在眉睫的問題」，但日本男性的確花很多時間留在公司與工作，而如此長的工作時數或是工作在生活的高占比成為觸發點的例子其實非常多。「上司」、「同事」也是屢見不鮮的答案。這應該算是職場的人際關係出了問題。痴漢與其他性犯罪者常有不善交際的傾向，我也很常遇到觸發點是學生時代的交友關係、職場的人際關係或是與老婆的關係的加害者。不敢違逆老婆，因而累積壓力的男性常被迫扼殺自己的本性，只為扮演好老公的角色。

問他們犯案時的心情如何，常得到「覺得自暴自棄」、「覺得自己已經無所謂了」這種答案，換言之，在高漲的壓力之下，他們選擇放棄自己，有些人則會回答「很寂寞」、「覺得噁心」、「想有人認同自己的存在」，當他們親口反省自己犯行，他們的內心似乎正陷入負面情緒的漩渦，卻不知道該如何表述自己的心境。

一如前述，許多痴漢都是認真勤勞的人，大部分都是頂著壓力，一路辛勤工作的男性，不少被逮捕與判決的痴漢都是監獄裡的模範犯人，就連來到我們診所的療程學員，有許多人都是拿著筆記，認真聽講的模範生。

但是他們通常都很自卑，自我肯定感很低，所以不善與人交際、相處，也因此越來越看不起自己。若是長期面對如此沉重的壓力與不安，沒有人的內心可以保持平靜，其中當然也有人希望改善現況，擺脫這沉重的枷鎖，只是他們逃脫這一切的方式是變成痴漢。

為宿疾所苦的高中生變成痴漢的理由

所有的成癮症都有暫時緩解內心苦楚、不安、孤獨的效果。我們稱這種情況為「透過成癮症治療自己的假說」。

在眾多成癮症之中，將物質放入身體的類型，也就是所謂的藥物成癮或酒精中毒的類型，特別符合上述的假說，對這些成癮症患者而言，酒精與藥物就是他們的鎮靜劑，服用它們能麻痺自己的身心，讓他們逃脫苦痛與不安，哪怕只能暫時喘息一下。

他們並不是意志薄弱或生活不檢點才沉迷這些事物，而是這些事物本身就是他們的目的，酒精與藥物不會背叛他們。正因為真的可以一醉解千愁，所以他們才喝下第一杯酒；也因為藥物可以麻痺自己，他們才會濫用藥物……。前面提過，這些越演越烈的成癮症是他們的求救訊號，他們希望身邊的人知道，內心的苦痛與不安正不斷增幅，所以才越陷越深。這種反其道而行的求救訊號又稱為「自相矛盾的訊息」（Paradoxical Message）。

痴漢這種犯行與賭博一樣，都是沉溺於行為或過程的行為成癮症，但先前提到的自行治療假設也能套用在痴漢這種行為上。想從沉重的壓力、自卑感、不安、孤獨暫時得到解脫……，於是沉迷於賭博或痴漢行為。

前面也提過，痴漢會在自暴自棄的時候犯案，但日本男性其實不太習慣說出自己的心情，進行充滿感情的溝通的機會也比女性來得少，也很不擅長排解自己的情緒，所以就在自己也不知道自己的內心發生什麼事之下變成痴漢，而且犯案的頻率越來越高，也慢慢地變成一種習慣，這種情況很痛苦，卻什麼也說不出口，他們也很想從這種狀況解脫。

另一個較為罕見的案例是「為了緩解孩提時期罹患的恐慌症」而犯案。

【實例三】

上了高中之後，我才開始搭電車上學，其實我很害怕電車，所以原本想就讀騎腳踏車就能到的高中，但媽媽希望我念現在的學校，所以我只好順從她。唉，今天搭電車的時候又發作了，好痛苦，電車怎麼還不到站啊，一想到明天、後天，往後的三年都得搭電車……我就好想死。

可是，我突然發現一件事。那就是我碰到站在身邊的女高中生的身體，而且沒被發現的話，恐慌症就會平息下來，好像是因為我把注意力全集中在觸感，所以就不會因為緊張而發作。一開始有點驚訝，覺得怎

麼可能有這種事，但試了幾次之後，發現好像真的是這樣，看來真的沒錯！

將痴漢行為當成解藥的他，之後便不斷地犯案。雖然之後很常被學校輔導，父母親也知道他的症狀，但他就是戒不掉，念高中的時候是這樣，升上大學之後也不斷犯案，於是在進入社會之後就被逮捕了。大家都知道痴漢行為無法阻止恐慌症，但對他而言，卻真的能避免恐慌症發作的前兆。

不管自己有多麼痛苦，都不能作為加害女性的藉口，因為對被害人而言，這一切徹頭徹尾都是殘酷的暴力，至於加害者另有什麼隱情，一點都不重要。不過，這些加害者若能早日察覺自己的痛苦，向適當的機關或單位尋求協助，說不定就不會有被害人。

優越感——痴漢追求優越感的社會背景

自暴自棄的時候，會想要欺凌比自己弱小的人，藉此找回自己。這是很可悲的事，但日本社會的確有這樣的人，而家暴、痴漢行為就是這類心理的具體表徵。

另一種極為相似的行為就是霸凌。霸凌早已是日本社會根深蒂固的問題，不僅在孩子之間發生，連大人之間也所在多有，例如攻擊他人、忽略他人，以過份的要求威脅他人、控制他人，這些人就是藉由這些行為讓自己站在別人頭上。

痴漢也是一樣，他們藉由騷擾女性、將女性逼到退無可退的地步，或是傷害、征服女性來滿足自己的優越感。這些憤世嫉俗，對社會、家庭都感到不滿的人能從犯案的過程得到難以計量的刺激，而這些異於平日的興奮，也讓他們的心情更加亢奮，甚至有人覺得自己變得無所不能，至於那些充滿壓力的日常也在此時此刻煙消雲散。

於是，痴漢行為便成了他們排解壓力的方式（coping）。既然痴漢行為的效果如此顯著，他們又怎麼捨得戒掉，而且別說戒掉，為了尋求更強的刺激，他們只會越來越得寸進尺。

一如前述，痴漢多是自卑的人，而越是自卑的人，越習慣從站在別人頭上的人際關係尋求「內心的安定」，所以他們才渴望犯案。痴漢行為的本質是控制欲，而犯案能滿足這股欲望，所以他們才會屢屢犯案。

強姦、強制猥褻、偷拍、偷內衣褲，這些都與任何形式的性暴力一樣，但是就算犯案動機是性慾，追根究柢，還是控制欲在背後作祟，有些案例看起來是因為內心的性慾騷動才犯案，但前面也提過，排解性慾的方法多的是，所以他們會透過性暴力排解性慾，原因出在這些人想隨心所欲地控制對方。

若以一句話來解釋，那就是「男性的控制欲是所有性犯罪的動機」。

內在的問題很容易在「性」的場景突顯，這也是男性的特徵。男性透過「性」支配女性——在我看過許多性犯罪案例之後，我覺得不只是性犯罪者會有這種想法，所有男性都覺得這種想法很正常。

我覺得，所有男性的人格裡都藏著「加害他人的特性」，這是由社會賦予的特質，尤其日本在進入二十一世紀之後，男尊女卑的陋習依舊未除，我們從懂事之後，就在家裡或學校不知不覺接受了這些社會習俗。

大部分的人不會懷疑這些深植於日常生活的社會習俗。想必有不少人看過嘴巴講男女平等，但其實只是做做樣子的情景吧。若要讓物質面富足的日本社會在精神面上成熟，男尊女卑可說是必須正面迎擊的課題。

男性的地位高於女性。有些男性平常不這麼想，一旦屈居下風，這種想法就會跑出來。內心充滿壓力、自卑、孤獨的他們，就像是為了確認自己搖搖欲墜的優越感，而將矛頭轉向比自己弱小的人。「比自己弱小的人＝女性或小孩」，大部分的男性都有這層認知。

不過，大部分的男性都不會放任自己欺負弱小。我知道，我的個性裡，也有「加害他人的特性」，我在潛移默化之中，接受了代代相傳的男尊女卑的價值觀，但我能不囿於這些觀念。這些觀念隨著自己與社會、他人的連結慢慢改變之餘，「男性與女性是平等的」、「女性並非可控制的次等生物」，這些價值觀也能憑一己之力獲得。這雖然是普世價值，但男性若不重新接受這點，就無法遵守現代社會的秩序。

男性透過「性」宰制女性、控制女性也是自古以來的社會風俗。除了日本，男女地位落差越明顯的國家，性犯罪越頻繁，痴漢常在潛意識之下利用這種得所有男性一起矯正的陋習，一切只是為了讓自己內心得到平靜的私心。

痴漢是以男性為尊的社會產物，所以要進一步了解性犯罪，就不能忽視那些「只要無法在人際關係占上風，人格就會變得扭曲」的人。

不擅排解壓力，所以活得很痛苦

與療程的學員或是準備受審的加害人面談之後，發現痴漢通常活得很痛苦。

這裡說的「活得很痛苦」，不是這些人本身的問題，而是來自社會常識或制度的壓迫。只要是現代人，或多或少都會受到這類壓迫，這些壓迫越是沉重，自然會累積更多壓力。

這些加害人排解壓力的手段通常很少，這也是男性常有的現象，這也導致自殺者以男性居多。相較於社交能力較高，擁有各種管道抒解壓力的女性，男性更容易累積壓力，也更缺乏訴苦的技巧，與別人的連結也很薄弱，所以覺得自己越來越孤獨。我能了解這些人過得很辛苦，但把這些辛苦當成攻擊別人、踐踏他人的藉口，就不值得原諒。

更何況有些加害人甚至以此為樂，每天樂此不疲。下一章將介紹痴漢這類犯行為何越來越嚴重的心理。

第3章

「以為女性也很喜歡」

——痴漢共通的認知扭曲

「開關啟動後，不知不覺成為痴漢」

痴漢往往是在突發事件下成為痴漢的。其實大部分的人在電車裡碰到女性的身體，大概都只會覺得是「偶發事件」，但有少部分的男性卻會沉迷於這種偏差行為，接觸女性身體的程度通常會越來越誇張，頻率也會越來越高，而且不一定是別人害他們越來越惡劣的。

就我所知，無法滿足於痴漢行為，轉而強姦女性的案例非常少，但既是痴漢，又戒不掉偷拍的人卻不在少數。在智慧型手機幾乎都有拍照功能的現代，偷拍已是年輕人門檻極低的性犯罪。

不過，大部分的痴漢對痴漢行為非常「執著」，非常享受鑽研犯案技巧，直到犯行成功的過程。請他們在再犯防止療程回顧自己的犯行時，他們都會以「開關啟動」的說法形容犯案的觸發點。

【實例三】

我原本不想犯案的，我也知道這種行為絕對是犯罪。這不用多做解釋吧，但我回過神來才發現，心中的某個開關突然打開，而我正在觸摸女性的身體。所以我根本不記得犯案過程發生了什麼事，有種自己不是自己的感覺。

我曾經從很多位學員口中聽到「開關」這個形容詞。沒有人教他們這麼說，但他們的確是異口同聲地使用這種形容，這讓我覺得非常不可思議。其實在別的成癮症也看得到相同的現象，但使用的形容詞各有不同，比方說，藥物成癮症的患者會說「內心有種渴望湧現」；與痴漢一樣，沉溺於行為與過程的扒手慣犯也很常使用「開關」這種形容詞。這應該是在形容腦內多巴胺分泌的狀態吧，或許也是一種源自生理反應的形容方式，抑或是一種耐人尋味的現象。

有不少痴漢被警察問「為什麼要這麼做」的時候會如此回答，而且當犯行被公諸於世後，他們也是以這套說詞面對家人，我遇過很多位痴漢的另一半與父母親問我「他跟我說，心中好像有個開關莫名其妙打開了，所以才犯案，我該怎麼幫他？」

當然也有痴漢在法庭上提出這套說法，但是法官當然不會接受這種「因為某個開關打開才犯案」的說詞，而且不管這套說詞真實性為何，對受害的女性而言都沒有意義，她們內心的創傷也不會因此痊癒。

「某個開關打開」，仔細想來，這其實是種既自私又不負責任的說法。這簡直就是在說，有個人把他們的開關打開，害他們犯案，但啟動開關的明明就是他們自己。

明明他們在選定獵物、地點、情況，一切都在天時地利人合之下，確定自己不會被逮才犯案，所以「某個開關打開」根本只是為自己找後路的遁詞，路邊的痴漢絕不可能故意選在派出所前面犯案。許多痴漢在犯案之前，都會徹底做好事前調查，降低被逮的風險。明明都做到這地步了，還要狡辯「是某個開關自己打開才犯案」，任誰來看，都是在自打嘴巴吧。痴漢是經過一連串縝密安排的犯行，絕非臨時起意的犯罪。

話說回來，許多痴漢都給人這種感覺，所以我們的療程偶爾會反過來利用這點。如果是因為開關打開才犯案，那只要一直關著就解決了。學員會與我們一起摸索關上開關的方法，透過反覆的訓練學會這個方法，避免自己再犯。

具體的方法會另闢章節說明。接著讓我們一起看看「開關打開」這種痴漢與其他性犯罪者特有的思考邏輯。

性犯罪者的「認知很扭曲」

我們在進行療程時，會請學員說說自己，也會進行所謂的認知行為療法，同時會以小組的方式，讓學員彼此談談自己的經驗，而接下來要介紹的就是他們在這過程中吐露的心聲。

透過這些心聲，我們可以看到他們是怎麼看待自己的性偏離行為，又是如何面對自己的犯行。由於這些心聲來自多位學員，所以在慣犯之間，應該具有某種程度的普遍性。

・穿著曝露的女性一定很想被騷擾，所以我只好照辦

・也許只是一開始不想要，慢慢地就會覺得舒服

・反正稍微碰到也沒反應，所以一定有希望被人侵犯的女人

・一直偷瞄我，肯定是想被騷擾

・女性或多或少都有被騷擾的慾望

・穿得愈曝露的女性，性慾越強

・容易下手（在車廂睡著或醉得不省人事）的女性哪有不摸的道理

・這週有好好工作，可以騷擾一下女性當作獎勵

・女性被男性騷擾可以得到性高潮
・反正有人被冤枉成痴漢，所以我騷擾女人也只是剛好
・是對方自己靠過來的，所以我騷擾她也還好吧？
・聽說這條路線本來就很多痴漢，多我一個也沒差吧
・設定的人數還沒達標，不多摸幾個，沒辦法達成目標
・女性十個就有一個想被騷擾
・我也被騷擾過，所以我要騷擾回來
・我跟老婆很久沒做愛，所以才騷擾別人
・開關打開後，回過神來，就已經摸了
・摸一下又不會少塊肉

就算不是女性，應該有很多人讀到這裡會覺得很憤慨吧，全都是一些牛頭不對馬嘴的辯詞，而且還將所有責任轉嫁到女性身上，從中可以聽出他們覺得「錯不在我」的心聲。女性只因這種自以為是的想法而受傷，真是讓人難以置信！大家會這麼想也是理所當然的。

我把這種痴漢對女性的認知稱為「認知的扭曲」。

要了解痴漢或性犯罪者的本質，就必須從了解他們「扭曲的知識」開始。

比方說，「就算一開始一臉厭惡，很多女性最後還是很享受被騷擾的過程」他們很享受被害者連大喊求救都沒辦法的模樣。每位被害者的反應都不一樣，有的會扭曲身體，想避開痴漢的手，有的則會一直發出求救訊號，希望周圍的人發現她正在被騷擾，有的則是怕得不得動彈，但看起來絕對不是開心的模樣，這也才是正常人的認知。

但這些痴漢卻以為「女性也很享受」，而且從未懷疑這點。

我們把認知的扭曲定義為——

「為了持續不當行為，合理化這種行為的認知框架」

就算是普通人都覺得奇怪的想法，在他們的認知裡，這是鐵一般的「真實」，如果他們發現這鐵一般的「真實」與現實有出入，他們就會不得不放棄痴漢這種樂趣。

「這週有好好工作，可以騷擾一下女性當作獎勵」，基於這類認知而不斷鼓勵自己犯案的人若被旁人糾正「你這種行為是錯的」、「為了獎勵自己而傷害女性很自私，也很奇怪」，他們心中的信念就會鬆動，就無法繼續痴漢行為，所以這些痴漢根本不會去想自己走得有多偏、錯誤有多深、想法有多扭曲，而且每次犯案都會讓這些想法更扭曲，成為他們的信念。

除了痴漢之外，性犯罪者內心肯定都有一些扭曲。在前面的列表之中，與電車有關的心理扭曲只有痴漢才有。雖然強姦、兒童性侵害、強制猥褻、暴露狂、偷拍、偷內衣的犯人也都有特殊的認知扭曲，但是「穿著暴露的女性應該性慾很強」、「女性被男性騷擾，可以得到性高潮」這類認知扭曲卻是共通的。

社會中根深蒂固的性歧視對痴漢造成的影響

那麼，「認知扭曲的人」就會脫序，成為性犯罪者嗎？

前一章提過，痴漢行為通常是「莫名其妙」開始的，但這時候還不能斷言他們的認知扭曲，從他們的感覺來看，形容成「發現新大陸」或許比較正確。「這麼做也不會被抓包耶」、「沒想到犯案這麼容易」、「女性好像不討厭被騷擾」，他們會從犯案過程得到上述這類前所未有的驚奇，但如果是正常人，不太可能因為這樣而覺得「那我也來試試看」或是「繼續犯案也無妨」，一旦這麼想，認知就開始扭曲了。

痴漢慣犯渴望犯案，因此會有意無意地合理化自己的行為與認知。「痴漢行為是犯罪，是踐踏女性尊嚴的惡毒暴力」、「這世上也有想被摸的女性，所以我就服務她們一下吧」，哪一邊的解釋才能讓痴漢的心理過得去？答案應該很明顯吧，這無關乎是否符合道德倫理，也無關乎對或錯，只要自己覺得心裡過得去就好。

在長期犯案之下，他們的認知會越來越扭曲。沒有人生來就是認知扭曲的人，是在成長過程中，受到社會的影響才慢慢地扭曲。

只要能知道這點，再一步步把他們的認知拉回來，不就能杜絕痴漢這種犯罪了嗎？至少可以避免他們再犯吧？有些人會提出這種看法，這也的確是正確解答之一。

現在的性犯罪再犯防止療程都以治療認知扭曲為主，他們的不當行為肯定源自認知扭曲，所以修正扭曲極為重要的想法也蔚為主流，我們的療程也認為，讓當事人發現自己在認知上的扭曲，然後積極面對與修正是一大進步。

可惜的是，這種扭曲很難自行發現，而且也很難修正，即使有第三者從旁協助，也沒那麼容易糾正，因為對當事人而言，這些扭曲的認知才是「真實」，越是習慣犯案、耽溺於犯行樂趣的人，這種扭曲的認知越是頑強，對我們來說，要我們全盤否定自己深信不疑的事情與切身之痛無異，即使這些事情是錯誤的也一樣。

除了上述的情形，我認為問題藏在更深層的地方。

究其根柢，這些扭曲的認知源自當事人長期以來的「女性觀」。有些是自己學來的女性觀，有些則是從自己的父母親或周遭大人的夫妻關係學來的，有的則是從上個世代繼承而來的女性觀。這些女性觀包含男女在社會扮演的角色與性歧視。

不管是男性、女性還是各種性別，只要符合現代社會的價值觀即可，但日本社會的性歧視與男尊女卑的概念實在太頑固，將這些概念內化為價值觀的人也不在少數。在家庭、學校、社會中，男性該承擔這樣的角色，女性該扮演那樣的角色，這種舊時代的性別責任仍處處存在，而且早已是司空見慣的光景，就連被歧視的女性自己有時都未能察覺。

為什麼會變成這樣？這樣真的是正確的嗎？這些事常在未經檢驗的情況下，成為所謂的常識，而這種深植腦海的不成文規定也充斥於社會的每個角落，尤其男尊女卑的社會風氣在日本更是具有代表性。

女性必須接受男性的「性」，日本就是這種社會風氣的國家。我與痴漢或其他性犯罪者面談之後，發現他們的確有這種認知，而且在每個社交場景都能看到這類現象。

比方說，社會上有許多滿足男性在性好奇與性需求的服務，從事性產業的人也以女性居多。男性不能說是沒有，但能自成一行的產業應該不多，因為「男性也可以接受女性的性需求」是尚未形成的概念。

此外，若場景換成家庭，這類概念就會以家暴作為表徵。比方說，丈夫不願避孕，卻強迫妻子墮胎，或是老婆不想，老公卻強迫發生性行為……，即使是夫妻關係，未經同意的性行為就是強姦、強制猥褻，但不管是現在還是未來，夫妻之間的性暴力絕不會消失，因為仍有許多人認為，這本來就是妻子應盡的「義務」。

在男尊女卑這種女性觀的社會風氣之下，認知當然容易扭曲。大部分的人都不會懷疑這些社會常識，因為這是所有人都認為理所當然的價值觀，而且每個人都被這樣教導，所以扭曲的認知才會如此難以矯正。

認知扭曲的只有變成痴漢的男性嗎？

前面列出的認知扭曲其實不只在痴漢身上看得到。

比方說，父母親會對穿著迷你裙準備出門的女兒叮嚀「穿那麼短，小心遇到痴漢！」、「小心被色狼盯上」，這該是常見的家庭光景吧？我知道，這是父母親的擔心，但其實這跟「穿迷你裙所以會遇到痴漢」的想法一樣，都間接地認同了痴漢特有的認知扭曲。

對遭受性暴力的女性說「誰叫妳那麼晚還在外面閒晃」、「誰叫妳跟那麼危險的男人混」、「誰叫妳的異性關係那麼複雜」、「妳也有部分責任」這種檢討被害人的說法不是現在才有，但在什麼都要求「自行負責」的現代，特別容易檢討被害人，但責備受害女性，無疑是二次傷害。

要去哪裡、要怎麼打扮，都是女性的自由，以這些理由指責遭受性暴力的女性根本是強辭奪理，也是典型的認知扭曲。不過，在談論性犯罪防止方法時，當然要提醒女性「要小心一點」，不管是警察、學校還是家庭，都在潛移默化之下，接受了「女性稍微不慎，就會遭受性暴力」的概念，因此「性犯罪＝女性的問題」的公式才莫名成立。

此外，性犯罪事件也會連累加害者的家人，尤其是加害者的妻子常被迫以情況證人的身份站上法庭，有時還會被問及夫妻之間的性生活。在法院這種公開場合質問與事件毫無關聯的性生活，本身就是一種性騷擾，第二章也已經提過，目前沒有證據足以顯示夫妻生活的滿足度與老公的痴漢行為之間有任何關聯性，更何況長期缺乏性生活也不能當成犯行的藉口，就算老公以此勒索另一半履行夫妻義務，妻子仍有拒絕的權利。容我重申一次，即使是夫妻，未經同意的性行為仍屬於暴力的一種。

即使如此，痴漢的妻子不僅要飽受他人指責，連家人都會暗諷「都是你照顧不周」。從二次傷害也能形成這種社會歪風。「我沒有惡意」、「是為了他好」，被害人被這種藉口不斷傷害的現狀非改善不可。

換言之，這種歪風如同痴漢行為般，於整個社會擴散，而我們將這種現象稱為「痴漢神話」。此外，還有一種沒來由、卻見容於整個社會的女性觀，那就是所謂的「強姦神話」。這種神話與痴漢那扭曲的認知以及於社會流傳的痴漢神話，可說是相輔相成的關係。

從療程學員身上發現的認知扭曲通常可以歸納為幾種模式。這些歧視女性的社會歪風進一步扭曲了痴漢的認知，接著這些認知又助長了痴漢神話的歪風，變得越來越難匡正，進而形成負面的漩渦。

容我再舉一次迷你裙的例子。這是我從被逮捕的痴漢的家屬口中聽到的內容。這位痴漢有位年輕的妹妹，她準備穿得比較清涼出門時，她的母親擔心地問她「妳為什麼穿成這樣？」「因為很流行啊，我也想穿成這樣看看」，結果她的母親不知該說什麼才好，原來這位母親發現自己也有「穿迷你裙的女性會被騷擾」的成見，也將遇到性騷擾看成是女性自己的責任。

即使是在法庭上，法官也會以女性的性經驗或是從事性產業為由，試圖減輕加害男性的刑責，而且這種情況早已成為慣例。為什麼會變成這樣？因為法官認為比較開放的女性較懂得應付男性，所以就算被強迫，也應該懂得拒絕，沒有拒絕，代表同意與男性性交。這種扭曲的認知等於對女性有偏見，也不打算探討性暴力的本質，於是助長了加害者的氣焰。

有許多加害者的家屬都被這種扭曲的認知所囿，讓加害者利用這種司空見慣的社會歪風合理化自己的行為。

男尊女卑的概念只要不拔除，這種扭曲的認知就沒辦法真正導正，性暴力的加害人也會不斷出現。痴漢與其他種類的性犯罪絕對不是源自女性的不檢點，這一切都是源自男性社會對女性的歧視，我們也應該對此有所醒悟。

「有些女人被性騷擾也無所謂」的認知扭曲

「摸一下又不會少塊肉」——這也是很常從性犯罪者口中聽到的辯詞。如果問他們，殺人搶劫與自己的犯行有什麼不同，他們通常會這麼回答，而這種扭曲的認知通常可於痴漢與其他性犯罪者身上看見。

有意見指出，他們之所以會這麼說，是因為在他們特殊的價值觀之中，「女性不過是種物品」，而且他們也真的如此認為，但我覺得這種說法無法完整描述加害者的心態。

他們的確不認為女性的地位與自己相等。「我是為了滿足女性的性慾才幫她摸幾下的」「就算一開始一臉厭惡，最後還不是會半推半就地接受，所以我才摸她的」，這種想法不但與事實相去甚遠，而且還非常自私。一如前述，這種女性本來就該為男性排解性慾的想法，源自「鄙視女性」的價值觀。

一般認為，會這麼想的人不只會在車站月台鎖定陌生女性犯案，平常也打從心底瞧不起身邊的女性，應該不懂得尊重女性、平等地對待女性。

在他們眼中，女性就像是沒有人格、沒有想法，可隨便對待的「東西」，但是他們又希望女性能「有反應」，所以才會把女性的反應看成「女性也很享受被摸」、「女性也接納本大爺」，藉此滿足自己的控制欲與成就感。

在他們的「認知」裡，女性也會自動出擊，例如「那個女的三不五時就偷看我」、「是女人自己靠過來的」、「這些女的一直在發出『快來騷擾我』的訊號，我只是體諒她們而已」。這是很常從痴漢口中聽到的故事。或許真有其事，但每天都有這樣的女性在眼前出現，不斷發出誘惑的訊號？這種想法未免太脫離現實了吧。

女性應該對他們一點意思也沒有吧，說不定只是為了提防他們有沒有什麼奇怪的舉動才一直瞄他們。所謂的「是女人自己靠過來」，只能解釋成：女性剛好往他們的方向走而已。

可是，在痴漢的眼中，這些女性在想什麼都不重要。對他們來說，這些女性就像是電視劇裡的角色，可以隨他們的想法擺弄，她們不過是被標註為「女人」的存在，說不定他們還覺得，那種在以痴漢為主題的成人片登場，不會害怕，也不會受傷，還期待被騷擾的女性真的走進現實的世界了。這種認知的扭曲實在太嚴重了。

戒掉痴漢行為後會失去什麼？

從第一次犯案之後，他們便開始學習，從目擊別人犯案或是不小心碰到女性身體時學到「原來這樣不會被抓」、「原來可以這樣做」，慢慢地習慣犯案之後，靠自學學會挑選目標與時機的方法，以免自己被抓。所有的一切都是為「精進犯案技巧」。

像這樣磨練犯案技巧，他們究竟能得到什麼呢？

這是在問「為什麼他們戒不掉」這個問題時，非常重要的一環。如果犯案只有損失，他們絕不可能一直犯案。正因為可以冒著風險換到一些東西，所以他們才不斷地犯案。

有些痴漢也是「高風險、高報酬」的信徒。如果他們的目的只是為了排解性慾，那麼對他們來說，多數無法勃起、也無法射精的痴漢行為，絕對是低報酬的行為。不過第二章也提過，他們的目的並非排解性慾。

我們設計的再犯防止療程會問學員「為什麼犯案」，這是再單純不過的問題，但是很少從學員口中聽到明確的答案，因為在無數次的犯案過程中，他們從沒認真思考自己為什麼要犯案。其實這是性犯罪皆有的現象。問性犯罪者為何犯下強姦、偷拍、兒童性侵這些罪行，通常得不到明確的答案。

因此我們換個問法，問他們「如果戒掉痴漢行為，你會失去什麼？」在治療酒精、賭博或其他項目的成癮症時，問患者與沉溺於酒精、賭博的日常告別時會得到了什麼？這是非常經典的治療手法，通常會聽到「贏回家人與親友的信賴」、「擁有更多屬於自己的時間」、「與夥伴的關係改善了」，這類正面的回答。

但很少問「會失去什麼」，不過，曾有位學員的回答，贏得在場過半數以上的學員點頭認同，那就是——

「生存意義」

換言之，當他們被逮捕，那些周而復始的罪行被宣告中止時，他們也失去了生存意義。這答案也讓療程的工作人員頓時陷入沉默，因為這些工作人員很常與他們接觸，所以更明白這答案非常接近他們的心聲。

他們從早上起床到晚上睡覺這段時間，無時無刻都在思考犯案這件事。不管是在工作，還是跟家人在一起，想要犯案的衝動一直存在。他們會用心地做好一切事前準備，也會在腦海裡不斷模擬犯案過程，再透過可能被逮的驚險感滿足欲望。他們每天都過著將能量灌注在痴漢行為的日子。若要以一句話形容他們眼中的痴漢行為，那真的就是「生存意義」了吧。

工作、興趣、帶小孩、存錢，許多事情都可以是生存意義，而且不會造成別人的麻煩，還能豐富人生，有些人也把這些事當成排遣壓力的方法（coping），而第二章也已經提過，他們排解壓力的方法就是痴漢這種不當行為。

前面也提過，會忍不住犯案的人，排解壓力的選項通常比較少。這些人不善交際，也不知道該怎麼面對自己的情緒與生活，而且還比較孤僻，所以總是獨自一人承受壓力。

只要這些人處理壓力的選項沒增加，不管被逮捕幾次、付了幾次和解金，或是被關了幾次，出來都會再犯。既是犯罪，當然要量刑受罰，但這無法遏止他們再犯。

所以我們的療程一定會讓學員學習排解壓力的方法，具體的方法有很多，例如覺得自己快忍不住犯案時的對策，或是訓練自己在日常生活裡，適當地表現自我（assertion），抑或學習怎麼傾訴，以及培養運動習慣或是興趣。

嚴格來說，他們眼中的痴漢行為不算是「興趣」，但只要能有更多排解壓力的管道，他們就不必沉溺於痴漢行為。換句話說，防止性犯罪再犯的療程「始於排解壓力、終於排解壓力」。

他們每天都擺脫不了犯案的想法。他們在公司是頗受好評的員工，到了週末，也懂得陪伴家人，卻沒有屬於自己的生存意義，所以為了填補內心這塊空虛，只好用工作與痴漢行為塞滿日常生活，而且他們找不到任何能斬斷這種惡性循環的方法。

有些人會透過療程探索自己，進而找到高爾夫、釣魚、空手道、保齡球這些興趣，有的則成為某位音樂家的追星族。在通勤電車聽這位音樂家的樂曲，成了他排解壓力的選項，至今五年間，未曾再犯。

或許有人會懷疑，這種慣犯真能如同上述般，找到屬於自己的人生樂趣嗎？不過這是利用性犯罪之外的方法，讓他們掌握「幸福（Good Life）生活」的治療模型之一。找到生存意義，是形塑人生不可或缺的要素。在接受應有的懲罰之後，透過一些管道排解壓力，避免自己製造下一個受害者，這種回歸正常生活的「生存之道」，絕對是阻止再犯的不二法門。

把刺激與風險當成娛樂的痴漢

讓我們重新探討為什麼這些痴漢會從犯案過程得到「生存意義」，因此不斷犯案的問題吧。

這些痴漢在犯案時，一定會心驚膽跳，也一定會覺得自己有可能被逮，而這種刺激與風險是互為正相關的元素，越覺得有可能被逮捕，就越感到害怕，也越是興奮與渴望得到成功之後那無比的快感。

犯案之際，大腦會分泌大量的多巴胺，大腦也會記得這件事。長此以往，就會形成某種條件反射的迴路，也就是一旦觸動某個觸發點，大腦就會分泌多巴胺，一旦走到這種地步，就很難自行控制衝動，而且會為了尋求更強的刺激，痴漢會貿然地進行風險更高的犯行。

雖然不是所有痴漢都是這樣，但有些痴漢把犯案當成遊戲，認為這種刺激與風險是遊戲中不可或缺的元素，而他們就像是角色扮演遊戲裡的主角，享受著犯案的過程，解完一個謎，就會要求自己挑戰難度更高的謎，而被逮捕則意味著遊戲結束。即使被逮捕會搞砸人生，但這股刺激卻是電玩世界所無法比擬的。

對他們來說，犯案過程充滿了無數的「風險」。

眼前這位女性會不會舉報我？周遭的乘客會不會揪出我？被逮捕的話，會不會被家人知道？會不會被迫辭掉工作？我肯定會身敗名裂吧……。

一旦失敗，人生將畫下句點。這種想法越強烈，刺激也越強烈。過去有部電影叫做《走鋼索的人》，其中描寫了某位男人在沒有任何防護裝備下，在一百一十樓，高度四百四十一公尺的大樓之間走鋼索。這是一部會讓觀眾看得手心出汗的作品，但如果將場景換成在距離地面一公尺的位置鋪設安全網，再於上面加裝安全繩的話，恐怕沒有半點刺激吧。風險越高，刺激越強烈，破關之後的成就感也倍增。

我越來越覺得，這真的很像是電玩。對痴漢來說，犯行就是一種娛樂，足以代表行為過程成癮症的賭博成癮症也有類似的部分。

賭博也是一樣，在快輸得精光的時候翻盤，反而會陷得更深，更覺得危險。這在心理學稱為「遞延的強化」。

痴漢從一開始就背負著可能被逮捕的莫大風險，場景換成賭博，就是輸得脫褲子的情況，但如果能成功犯案，將可獲得無可計量的成就感，而且還能滿足性方面的慾望，就我來看，這就是他們無法自拔的誘因。

越是深陷遊戲之中，越無法從簡單的關卡得到滿足，面對越困難的關卡也越能燃起鬥志。眾所周知，穿梭於埼玉、東京之間的JR埼京線是痴漢事件頻傳的路線，所以自二〇〇九年開始，就在車廂安裝了監視器，嚇阻有心犯案的人。此外，JR東日本也打算在二〇二〇年之前，在穿梭東京的山手線全線車廂安裝監視器。

我曾詢問再犯防止療程的學員，這麼做真能遏止痴漢嗎？他們給我的答案是

「有些痴漢反而會因為難度變高而躍躍欲試喲」

有的痴漢當然會因為加裝了監視器而對犯案有所遲疑，但在研擬對策之際，也必須考慮過多的監控反而會鼓舞慣犯挑戰的事實。

為了得到破關之後的成就感，而不斷製造被害者的痴漢透過每天「沒被逮捕」的成功經驗，一步步讓自己泥足深陷。「想解鎖成就」是非常強烈的動機。要透過賭博贏大錢，不能只憑運氣，也沒辦法努力。如果只需要運氣就能贏大錢，恐怕大家都不會沉迷，就是因為能憑努力提高勝率，所以才會上癮。這道理也能套用在痴漢行為上，他們也是透過運氣與努力，讓自己升級為慣犯。

痴漢的目標不是花枝招展的女性

諷刺的是，痴漢也是很努力的人。要問他們為了什麼而努力，當然就是「不被逮捕」，說他們為了這個目的而不惜獻上人生也不為過。

他們最努力的項目就是「勘景」。大部分的痴漢都是很勤勉的人，所以通常會很用心地勘景，例如他們會先調查電車上每個時段的乘客密度，還會先查好每個車站的樓梯與驗票閘門的位置，確認方便犯案的地點與脫逃路線。只要電車門一開，立刻混入準備上下樓梯的乘客群之中，就算痴漢行為被察覺，也很難被鎖定，而且就算被鎖定為犯人也能逃之夭夭。

所以他們會替自己設下某些規矩。比方說，在固定的場所犯案，或是不在原本的目的地，而是在最接近公司的那一站下車，他們就是像這樣恪守這些規矩，累積成功經驗，強化自己的犯案流程。

路線的搖晃程度與轉彎幅度夠不夠大，也是他們是否犯案的重點之一。如果車廂晃得很嚴重，比較容易趁亂下手，女性也比較不容易察覺自己被摸，就算覺得自己被摸，也很可能覺得是自己「多心」。在採訪學員時，還可以聽到一些其他的規矩，例如用包包或外套遮住手再犯案的規矩等。

不過他們最用心的項目就屬「挑選目標」。

被逮捕的風險會隨著下手的對象起伏，所以說得明白一點，他們總是挑選「看起來不敢聲張」的女性下手。當然也有「只要是女的就行」的痴漢，但絕對還是會以風險來評估，如果隨便找個人下手，被逮捕的風險就會變高，這也是他們絕對不想要的結果，所以他們不斷鍛鍊自己挑選獵物的嗅覺。

請大家回想一下剛剛提到的痴漢神話。穿著清涼、性感的女性、把制服的裙子改短的國高中生比較容易被騷擾，日本社會有著這種「被害者典型」存在。

如果這類女性被騷擾，反而會被檢討「誰叫妳穿成那樣」、「誰叫妳那麼不檢點」，痴漢也會把錯都怪在女性頭上。「就跟妳說不要穿成那樣了啊」，要女性自保的這類要求，等於是放棄追究痴漢犯行的責任。

不過一如前述的「認知扭曲」列表所述，連痴漢也認為「穿著清涼的女性看起來就想被騷擾」、「會被摸也很正常」、「這種女性的性慾應該很強」，這不過是他們為了能繼續犯案而編出來的一套說詞，「因為她們穿成那樣，所以我才犯案的」，也只是他們為了合理化自己的行為，以及從社會得到認同的藉口。

其實執著於制服的痴漢有一定人數，但他們也不是只要穿著制服的國高中生就可以，他們還是會用挑選獵物般的嗅覺，從國高中生之中，挑出風險較低的獵物。順帶一提，兒童為受害者的痴漢案件雖然不多，但相較於搭乘電車上下學的兒童人數而言，兒童受到騷擾的比例絕對不低，更何況兒童很難把騷擾他們的大人扭送警察局，所以沒浮上檯面的受害者黑數一定更高。

挑選下手目標與霸凌的共通點

我問療程學員「觸發點是什麼」時，他們偶爾會回答「女性」，換言之，他們是因為容易成為目標的女性就站在那裡，所以開關一被觸發就下手了。

若繼續問「什麼樣的女性會是目標」，他們會給出「誰都可以」或「喜歡的類型」這種模糊不清的答案，看來連痴漢自己都說不清楚，他們都盯上哪種女性，不過當他們不斷回顧自己的犯行，慢慢地就能找出他們盯上的女性屬於哪種「類型」。

穿著清涼＝強勢，穿著樸素＝懦弱，這公式雖然不成立，但痴漢的確會避開那些穿著華麗、看起來很強勢、很聰明、工作很幹練的女性，至於年齡，似乎不在他們的考慮之內。有些痴漢只挑年輕女性下手，但比起年齡，他們更看重「看起來很懦弱」、「很溫馴」這些特徵。這就像是霸凌的帶頭者在挑對象一樣，這些習慣霸凌別人的人，絕對不會把矛頭指向那些會強力反擊，或是找大人幫忙解決問題的小孩。

若借這些霸凌者的話來形容痴漢的獵物，那就是「被怎麼樣都不會反抗的女性」、「會默默地接受騷擾，方便滿足慾望的女性」，有些人則會說成「看起來很青澀的女性」或是「沒有眼力的女性」，不論是哪一種，重點都是看起來無力反抗的女性。

大多數的痴漢會在車站月台尋找獵物。他們為了物色不懂反抗、被騷擾也只會把眼淚吞進肚子裡的女性，會在月台東張西望，有些人把這類行為稱為「巡遊」，他們應該是覺得自己像在人潮裡巡遊吧。

或許大家會覺得，在月台東張西望的話，不是很容易引人側目嗎？其實在月台等車的人，很少會像獵人般注意周遭有什麼動靜，我們之所以不會東張西望，只是基於我們的習慣。很多搭車通勤的人，習慣每天搭乘同一輛車廂，習慣從同一個車門搭車，所以很難發現有可疑人物靠近自己，痴漢則很擅長利用這類習慣。

不斷對某位女性施暴的痴漢通常都有「她也很享受」、「她喜歡我」、「所以我才騷擾她」這類扭曲的認知，但這也是基於上述習慣的行動。習慣每天在同一時間、同一輛車廂上車的女性，在痴漢眼中看來，就是喜歡被自己這種痴漢騷擾的女性，只要事先安排好逃跑的路線，沒有比這種女性更容易下手的獵物了。只要試了一、兩次都沒被通報，痴漢就會越來越放心放案。

利用這些習慣，周而復始地犯案……是他們常用的手段。

熟知女性的恐懼才犯案

雖然從女性的外表看不出個性強不強勢、正義感強不強，但痴漢會於犯案現場不斷累積經驗，培養眼光與嗅覺，捕獵「看起來很溫馴，有苦不敢言」的女性。正因為他們的個性很認真執著，所以每天都會分析犯行，再將分析結果應用在下次的犯行，沒有半點懈怠。

犯案技巧升級這點也很像是在打電動。正因為努力才能升級，所以他們才能從犯行之中得到「生存意義」。

其實只要女性的態度夠堅決，就不容易遇到痴漢，這也恰恰說明了為什麼有些女性會說「沒遇過痴漢」，卻有女性屢屢被痴漢騷擾。不斷被騷擾，心生恐懼的女性只要一遇到痴漢，通常會變得懦弱膽怯，完全不敢反抗，而痴漢也能一眼找到這樣的女性。

我的意思不是「不抵抗的女性」讓痴漢越來越多，但，只不過搭個電車，身體的安全範圍就被莫名侵犯，真的是件非常可怕的事。尤其當女性與痴漢的體格、年齡有一定的差距時，那種「不是不能反抗，但應該贏不了」的恐懼會讓女性陷入恐慌，已經有不少的實例證實，女性在被性侵害的過程中，會出現一種身心宛如麻痺，動彈不得的現象，而這種現象又被稱為「凍結」。容我重申一次，舉報痴漢行為對女性來說，是極為消耗精神與時間的負擔，痴漢也知道女性的不便之處，所以能巧妙地利用這個弱點。

那麼，痴漢若找不到可以下手的女性的時候會怎麼做？前面已經提過，他們會覺得「誰都可以」，這雖然有違他們的日常，但也不是在車廂裡，隨便找個乘客下手。有些痴漢會在找不到獵物的時候放棄，但是有的痴漢卻不「輕言放棄」，這類痴漢通常會給自己設定任務，規定自己「每天一定要犯案」或是「一週要騷擾〇個人」。

所以這類痴漢會為了找到獵物換搭其他路線的電車，或是從終點站往回坐，就算上班會遲到，也無法阻止他們犯案的決心，而這就稱為「衝動控制障礙」。

若問社會人士「準時上班」與「滿足犯行衝動」哪個比較重要，恐怕大部分的人想都不想就會回答「準時上班」吧，但痴漢卻分不清孰輕孰重……我們稱這種現象為「天秤壞掉了」，這也是成癮症常有的現象，這現象若發生在賭博成癮症患者或購物狂的身上，就是花錢花到超過償還能力也不惜借錢消費的情況。

我覺得「天秤壞掉」的年輕人有增加的趨勢。為了性成癮症，尤其是為了痴漢行為與偷拍行為來診所諮詢的大學生越來越多。當他們找到畢業後要去的公司，就阻止不了自己犯案的衝動。本診所已經遇到好幾位因為被逮捕而被取消內定的年輕人。痴漢是傷害別人的行為，但這些年輕人根本不了解，被逮捕這件事會對他們的人生造成多麼深刻長遠的影響。一旦症狀惡化至此，已經無法憑自己的意志戒掉犯案的衝動。

從下一章開始，我們將直擊他們的內心，找出他們為什麼對痴漢行為如此執著，無法自拔的原因。

第4章

想戒也戒不掉——越來越亢進的加害行為

「看了A片也想親自試試看」

每當我聊到男性成為痴漢的過程時，總免不了提到成人片的問題。在再犯防止療程採訪學員之後，我敢肯定地說，幾乎所有痴漢都有在看「痴漢系列」的A片。

看A片的方法有很多，有些人是買DVD，有些人則是從網路觀看，而在現在的日本社會，誰都能輕易觀看成人片，而且要看一些幾近犯罪的性偏離A片也不是那麼困難。大型成人影片銷售網站「DMM影片 R18」將商品分成不同類型，而痴漢系列共有3248部在線（二〇一七年六月的資料）。

我想大家都知道，A片的劇情通常是比較偏離現實的，應該大部分的男性也都知道這點。A片並不是反映真實的性行為，情節也都是創作者的性幻想，男女演員只是在導演的指示下表演，然後拍攝成影片，所以A片無法作為性交的範本。若是有人認為，既然有人這樣拍，就代表這是社會所包容的行為，那恐怕如此主張的人才奇怪。

如果知道一切都只是表演，純粹作為個人娛樂欣賞之用，那麼就沒什麼問題，事實上，也的確有這樣的意見，所以才有人認為，痴漢、強姦、偷拍、兒童性侵害這類題材的作品，充其量也只是創作，所以拍攝與銷售這類作品根本沒有問題。

但就事實來看，的確有許多性犯罪者受到這類作品影響。雖然年代有點久遠，不過一九九七～九八年實施的警察廳科學警察研究所的調查（二〇一五年十一月十六日、西日本新聞）指出，在五百五十三名強姦、強制猥褻的嫌犯之中，有33.5%回答「模仿了A片的情節」，若將範圍限縮至二十歲以下的少年，比例也逼近五成，如此高的比例恐怕很難讓人再提出「現實是現實、拍片是拍片」的主張吧。

若長期觀看不符實際情況的A片，久而久之，認知將產生扭曲，成為性犯罪的導火線。我在採訪療程的學員之後，從他們身上深刻地感受到這點，尤其很多人在可以觀看成人片的年齡之前，就已經看過這些內容，在性知識與性經驗都不足的情況下，每天觀看這些痴漢或其他偏差系列的A片，是非常危險的行為。

這類影片的情節通常脫離現實，很少會拍成女性視死抵抗痴漢的內容，通常都是一開始討厭，後來半推半就開始很享受過程，或者是立場顛倒，由想被騷擾的女性找上痴漢，若是這些影片看上幾千遍，觀看者恐怕會不知不覺被洗腦。

因為心情鬱悶所以自慰

想必大家都知道，看A片通常會自慰。就我的臨床經驗來看，這些性犯罪者通常比一般男性更常自慰。

大部分的痴漢都有在犯行前夕，自慰次數激增的特徵。他們平均一天自慰2～4次，換算成一週的話，大約自慰20次。其實這次數已經非常驚人，但有人甚至一天自慰6～8次。

相模橡膠工業股份有限公司曾針對一萬四千一百位二十～六十歲的男性與女性進行「過去一整個月自慰幾次」的調查，男性的資料顯示，二十幾歲的平均為11.1次，三十幾歲為9次，四十幾歲為6.5次，五十幾歲為3.8次，六十幾歲為2.1次（相模橡膠工業股份有限公司「日本的性行為」，二〇一三年），從二十幾歲男性最多每三天自慰一次的頻率來看，應該不難發現痴漢自慰的次數過於極端，花了比常人更多的時間與精力在這件事上。

基本上，自慰最後都需要射精作為結束，所以大部分的人都以為自慰的動機源自對性的渴望。社會上也有一種說法認為男性的性需求會如同精子般累積，所以最終非得發洩不可。

不過我在小組分享時，曾經請學員回顧一下頻繁自慰的自己，才發現他們不一定是為了肉慾才自慰，有時是因為心情鬱悶，有時是因為寂寞、孤獨，而透過自慰排解這無處宣洩的心情。換言之，自慰是他們排解負面情緒的手段（coping），所以才會無法自拔。

一般人應該也很容易接受自慰不只是為了排解性慾的這個說法吧。除了宣洩累積的性慾之外，有些人是為了讓自己冷靜下來而自慰，有些人則是為了換個心情、打發時間或恢復精神而自慰，而且這些人不一定是性犯罪者。

不論動機為何，自慰絕對是帶有性快感與宣洩的行為。前面提過，大部分的性犯罪者都沒什麼管道宣洩性慾，所以當過於頻繁的自慰直接轉化為對性偏差行為的渴望，他們就更容易犯案，而且他們還長期觀看痴漢系列的A片。所以自慰可說是痴漢行為與其他性犯罪的觸發點。

為了排解性慾而自慰後，發現自慰已無法滿足自己，需要更刺激的宣洩管道時，他們便將矛頭轉向電車裡活生生的女性。這種因為一個觸發點勾起強烈慾望的現象稱為「充足悖論」。

為了避免再次犯案而控制自慰次數

有些人會因為想起犯行而自慰。前面提過，有不少加害者會在犯案之後，躲進車站的廁所自慰，作為整個儀式的「終結」，但也有不少加害者會在當天夜裡或是幾天之後回味犯案過程再自慰。

他們回想的是「成功犯案的經驗」，但對被害者來說，被侵犯的過程絕對非常不舒服，每每搭上電車，都會想起那些令人身心不愉快的經驗，但加害者卻是自顧自地回味這些成功經驗。

沉浸在控制欲與成就感的記憶裡自慰，並透過自慰得到的性快感，會讓這些加害者更渴望下次的犯案，所以是非常危險的習慣。

因此再犯防止課程非常重視「自慰的管控」，我們會建議學員設定自慰的條件，而不是一有負面情緒就自慰。

在性成癮症的治療裡，自慰被視為「與自己的性交」，對患者而言，如何管控自慰也是一大課題。主要的管控邏輯有下列兩種：

①自慰＝性犯罪的觸發點，所以得在一定的期間之內戒掉

②自慰是一種宣洩性慾的行為，必須設定條件管理

換言之，這些加害者認為②的意思是不自慰，犯案的風險就會增加。

最理想的是①，但這些加害者會擔心「要是完全戒掉，性慾就無處宣洩，不就更渴望犯案了嗎？」我們也無法強迫他們戒掉。不過，覺得自慰是讓自己更想犯案的學員也必須面對這項事實。如果一時間無法徹底戒掉，可試著採用②的方法，降低自慰的頻率。

所謂的管控方法，指的就是限制自慰的頻率、方法以及少看成人片。自慰次數較經常犯案的那段時間來得少，不看痴漢或其他系列的成人片，記錄自慰的日子，這些行為在學員之間稱為「自慰日記」。

哪種方法能有效阻止再犯？端看加害者的犯案循環或惡性循環的模式而定。

請加害者先問問自己，自慰是不是犯行的觸發點，然後選擇阻止再犯的方法，並定期諮詢我們這些專家。

或許有人覺得，限制自慰次數對一般男性而言，也是件很嚴苛的事，但是我們通常會建議學員「先試試一個月不自慰」，學員也常在試過之後告訴我們「其實沒想像中那麼辛苦」。一步步減少自慰次數，最終不再自慰的人也有相同的心得，這些學員也透過自身經歷發現，那些「男性本來就得宣洩」、「男性憋太久，反而會想傷害女性」的說法，其實只是想太多。

雖然戒掉自慰這個習慣，得另循管道紓發心情，但本診所的確有好幾名學員在戒掉自慰之後，彷彿從著魔之中清醒過來，現在的他們也不再犯案。

要注意的是，因為某種原因又開始自慰的時候。一如減肥減了很久之後的復胖，一旦又開始自慰，很可能會變本加厲，重回一天自慰很多次的生活，而再度犯案的警示燈也會因此亮起。

即使不是刻意戒掉自慰，也會發生這類現象。比方說，工作太忙，忙得一整個月都沒時間、沒力氣自慰，所以為了排遣寂寞而自慰一下，結果一發不可收拾，這代表沒徹底戒掉，也必須找到其他與自慰或性無關的管道排解壓力。

網路與性犯罪有著千絲萬縷的關係

再犯防止療程除了要求學員控制自慰次數，也要求他們減少使用網路。應該很多人每天都離不開網路吧！除了工作之外，網路能提供趣味性、實用性，也是人際關係與溝通所不可或缺的工具，在現代社會裡，網路早已是生活的一部分。

不過從很久以前，性暴力就與網路有著斷也斷不開的關係。根據警察廳《因交友網路被侵犯的兒童人數推估資料》指出，平成二十八年（二〇一六年），因兒童色情片、兒童性交易受害的兒童約有一千七百三十六人，創下自平成二十年以來的高峰，但因為「交友網站」受害的兒童人數卻銳減。很早就有人警告交友網站的危險性，但是 Twitter 這類社群網站或 LINE 這類通訊軟體也已成為犯罪的溫床，所以受害的兒童人數不是減少，而是分散了。

除了兒童之外，我們也很常看到源自網路交友的性暴力這類新聞。明明雙方是為了交朋友才見面，不代表答應發生性關係，但有些男性卻覺得「對網路上遇到的女性為所欲為也沒關係」，於是以暴力迫使女性滿足他的獸慾。

我們診所會應嫌犯本人要求或是應嫌犯律師要求，與那些因強姦、強制猥褻被逮捕的男性面談，在上法庭之前，進行司法協助療程，擬定再犯防止對策，其中當然也有透過上述這類網站犯案的加害者。

痴漢雖然很少為了鎖定獵物而使用網路，但網路真的充斥著各種鼓勵他們犯案的誘因，其中最為顯著的，莫過於成人片。

早期要觀賞成人雜誌或類似的影片，都必須去店裡租借或購買，因此得花一點時間克服心理障礙，才敢走進店裡，而且不管是租借還是購買，當然都得花錢，但現在只要能夠上網，隨時隨地都能觀賞A片，也不再需要克服什麼心理障礙。網路上有許多色情片的免費網站，裡頭也有不少違法上傳的影片，但應該很少人會在看這些影片的時候有罪惡感。早些時候，只能在地下網站流通的異類內容或是以偏差行為為題的內容，現在也能輕易觀看。

我不是在懷念過去的美好，不過，網路上的A片應該會越來越容易觀看，而且這潮流是不可逆的。「成人片之所以珍貴，在於難以取得」的時代已一去不復返，現在的青少年從開始對性感到興趣，就會在網路上面看A片，也當成一種日常的娛樂，所以我們在思考「網路與性犯罪」這個題目時，必須先有這層認識。

供痴漢互相炫耀犯行的網路論壇造成的不良影響

一如前述，大部分的性犯罪者在犯案前夕，會越來越頻繁自慰，例如兒童性侵害加害人會一邊觀看兒童色情片一邊自慰，痴漢則會觀看痴漢題材的A片助興。由於很容易就能觀看符合自己口味的成人片，所以會更想自慰。

有意見認為「因為有A片，所以性犯罪才減少」，但從加害者的生態來看，

A片絕對是助長性犯罪的原因之一。

每天觀看這類內容，久而久之，螢幕裡的一切就成為加害者腦中的「真實」。當然也有人會說「難道成年男性分不清這些情節與現實的差異嗎？」連這些加害者也主張「我沒有全盤接受A片的情節」。可是從剛剛提到的調查以及我們療程學員的自白中都提到「看了A片，自己也想模仿看看」的這類現象，代表有些男性的確分不清現實與劇中情節的差異，我們也該知道，有些人的確陷在「看A片↓自慰↓痴漢行為」的惡性循環裡。

的確，不是每個人看了痴漢題材的A片就會想犯案，這跟不是所有人在電車內看到痴漢犯案或是不小心碰到女性身體都會成為痴漢的道理一樣。心理問題、抒壓方式與身處的環境會讓人決定自己是否犯案。

話說回來，這不代表可以放任痴漢題材的A片不管。除了這類題材有可能間接誘發犯罪，整個社會應該譴責這種以踐踏女性人權的暴力、歧視為題材的影片。前面提過，這些人的認知之所以扭曲，源自對女性的歧視，所以我認為，有必要規範觀眾與製作者，讓觀眾無法如此輕易、廉價地接受這類暴力題材的影片。

少數的痴漢慣犯會在網路上與同好交換資訊，或是在網路論壇炫耀自己的成功經驗，這實在讓人覺得噁心，也是危險的習慣。

因為不管是在網路上炫耀，還是瀏覽這類資訊，都會強化再次犯案的動機。假設犯行得到認同，這些加害者當然會躍躍欲試，想犯下更多的案子。人類是想得到贊同與關注的動物。日本也有越誇張越能得到認同的文化，所以犯行也會越來越偏激。

此外，深陷痴漢行為而無法自拔的人，通常很在意別人對自己的看法。「別人都這麼做，所以我也可以這麼做」、「有些人做得更過份，所以我這麼做也沒關係」、「想挑戰比其他痴漢更難成功的環境」、「不想輸給別人」、「想被人崇拜」……。

這些他們基於「炫耀」所寫的內容不一定符合現實，有的情節太過誇張，有的根本是捏造的，但這些痴漢還是會被這些素未謀面的人所寫的內容催化，哪怕這些內容是真是假也不知道，然後「本大爺也辦得到」的念頭以及對犯案的渴望也越來越強烈。

渴望犯案，但還沒實際犯案的人看了這些不知真假的內容會怎麼想？「原來做到這地步也不會有事啊」、「原來還有這種犯案方法啊」、「原來這樣也不會被逮啊」，他們的認知很可能因此更加扭曲。從催化犯案，催生痴漢的角度來看，當然不能放任這類網站不管。

對痴漢而言，網路是充斥著觸發點的寶庫，對他們有害無益。

有些國家已立法限制，有兒童性侵害前科的罪犯不得上網。二〇一六年，加拿大最高法院的法官安德洛瑪奇卡拉卡托撒尼斯，針對被害者為未成年的性侵犯案件，做出「確定有罪的加害者不得使用網路」的判決，同時間，最高法院也禁止被告使用網路。

二〇一二年，加拿大於保守黨執政之際，制定了街道和社區安全法（safe

streets and communities act），其中已有許多禁止性犯罪者使用網路的條列，卡拉卡托撒尼斯法官也於高達一百頁的判決書指出「網路常被當成對年輕人進行性犯罪的工具，而且據統計顯示，以兒童為對象的性犯罪者，再犯的可能性極高」。

最高法院也於判決指出「這十年內的科技進步，徹底改變了性犯罪的手法」，也直指「限制性犯罪者使用網路，可減少他們再犯的機會，避免這類犯行發生」。

日本沒有任何法律限制性犯罪者上網，所以每個人必須自行管理網路的使用。不過，網路已是生活與工作的必需品，完全禁止上網也是不切實際的管制。

在此，從本診所提出的網路管理方法之中，介紹幾項具代表性的方法。這些方法除了能管理從電腦上網，還能管理從智慧型手機上網。

第一步，先使用限制瀏覽內容的網路守門員服務。只要跟網路供應商申請，就能使用這項服務，而且還能利用密碼避免這項服務被停用，當然，密碼要由當事人之外的人管理。

其次，打造只能在客廳上網，不能在自己房間上網的環境，如此一來，就能避免當事人偷偷瀏覽色情網站，有些人還會試著限制自己的上網時間或是上網次數。

戒不掉痴漢行為的痛苦

接下來要講的事情很重要，說三、四遍也不為過。要讓痴漢慣犯戒掉犯案的習慣，只能讓他們「被逮捕」。

痴漢之所以這麼用心犯案，純粹是不想被逮捕而已。他們當然害怕失去家人、職場、社會的信任，但他們更害怕的是，一旦被逮捕，就再也沒機會犯案，所以，他們會盡全力避免自己被逮捕。

不過，儘管少數，有些痴漢會在被逮捕的時候說「太好了，我總算被逮捕了」、「謝謝」、「我總算解脫了」。其實這是在其他成癮症患者身上，尤其是在藥物中毒者或扒手慣犯很常見的現象。那些自己怎麼戒都戒不掉的犯行，總算以「被逮捕」的形式畫下休止符，所以他們也總算覺得解脫了。近年來，有不少知名人士因為濫用藥物的問題鬧上新聞版面，有些人也曾在鏡頭前面大表感謝。

痴漢行為有被害人，所以「感謝警察逮捕我」的這種說法顯得十分不負責任，但對那些痴漢來說，這是再真實不過的感想。

大部分的療程學員都有被逮捕的經驗，我問他們「如果沒被逮捕，會繼續犯案嗎？」結果答案幾乎是百分之百地說「會」，看來他們自己也知道，他們已無法阻止自己犯案。

我請他們回顧被逮捕的事情，有些學員會說「其實我早就不想再犯了」，感覺對他們而言，被逮捕反而幫助他們放下心中的大石頭。「這次是最後一次」，這種每天告訴自己是最後一次，每天都在犯案邊緣掙扎的他們，總算能因為被逮捕而鬆一口氣，不過，這些說法都很自私，完全沒想到被他們摧殘的被害者有多麼痛苦。

我敢說，嚴格取締，迅速逮捕是最有效的「痴漢對策」。別只要求女性主動通報，因為通報的門檻很高，杜絕痴漢犯行應該要整個社會一起思考確實逮捕痴漢的方法，這部分會於另一章說明。

希望更多人知道，「要遏止痴漢行為，只能逮捕痴漢」以及「只有逮捕，無法終結痴漢」這些事情。乍看之下，這兩句話的意思很矛盾，但這就是克服成癮症的困難之處。

任何犯罪之所以都有相應的「刑罰」，是因為這些刑罰不僅要處罰偏離正軌的人，還要殺雞儆猴，遏止犯罪。換言之，是讓那些準備犯案或還沒成為慣犯的人知道「一旦犯案，就得接受這些處罰」，讓他們不至於越過紅線。長期以來，性犯罪的刑責都很輕。我只能說，這是對人權與性自主權的忽視。雖然日本在二〇一七年七月已修改了相關的刑法，但就遏止犯罪這點來說，應該更早修訂更為嚴厲的罰責。

無法立刻起訴痴漢的法律制度

若對痴漢行為處以重罰，真能抑制犯罪嗎？

目前對於痴漢的刑罰原本就太輕。強制猥褻的刑責為六個月以上、十年以下，但如果是初犯，加上緩刑，通常只會判五年以下。

就算違反迷惑防止條例，大概關不到一年就會出獄。不過通常很難分得清楚到底犯行是屬於強制猥褻還是違反迷惑防止條例，所以也有人認為，乾脆全部判處強制猥褻罪，但不管是哪種犯行，只要對照被害者的情況，就會明白相關的刑責都太輕。

後面也會提到，性犯罪受刑人會在監獄接受性犯罪再犯防止指導的課程，也就是所謂的「R3」療程。就現況而言，這課程並不完善，刑期太短，來不及接受課程也是必須檢討的部分；且違反迷惑防止條例的受刑人不需要上課之外，有些強制猥褻的受刑人也會視情況免除上課，所以就算坐完牢，這些人也會在未接受專業的心理輔導與再犯防止課程之下回到社會，而這些都是助長性犯罪再犯的因素之一。

讓我們把主題拉回量刑。日本在性犯罪方面的量刑雖然比外國來得輕，但對當事人來說，絕對是影響人生的一件大事。他們重視的是自己會失去多少東西，至於被害者有多受傷則是其次，所以他們才會盡一切努力避免被逮，藉此享受犯案的心驚膽跳、成就感、優越感，也藉此滿足自己的控制欲。

其實最能實際感受這一切的是「曾被逮捕的痴漢」。他們若在犯案時，覺得與平常不太一樣，就會開始害怕「該不會被活逮吧？」、「該不會到站時，突然被站員揪出來？」、「該不會又要被審問吧？」、「這次該不會被公司或家人知道吧？」……正因為曾有過這樣的經驗，所以才有再真實不過的恐懼，反觀那些不曾被逮捕的人，就無法如此真切地感到恐懼。

不過，這也代表「有些人雖然害怕再次被逮，卻還是繼續犯案」。很少人在初犯被逮捕的時候，會立刻入獄服刑，就算犯行情節嚴重，也通常會得到緩刑。

即使被害者希望起訴，警官也通常會勸被害者不要，因為一旦起訴，被害者就必須耗費大把時間與被害在法庭周旋，而且會在這段過程中，再次受到心理傷害。前面也提過即使到了法庭，也常有二次侵害的現象，所以「起訴的話，妳會很辛苦喲」的這句話看似是為了被害人著想，但背地裡，是剝奪了被害人重要的權力。

除此之外，警官也會以「他已經道歉了」、「妳要起訴他的話，他一定會丟掉工作」、「他也有家人小孩喲！」以及其他的說法企圖說服被害者放棄起訴。女性明明是被害者，居然還要替加害的男性著想？這實在難以置信，但警官還會告訴被害者，一旦案子到了法庭，精神、肉體都將遭受折磨，也很耗費時間，所以大部分的女性都會放棄以法律制裁加害人，這也導致連強姦這種嚴重傷害的事件，也只有四成左右的起訴率，恐怕痴漢被起訴遠遠低於這個比例。

當女性不得不放棄起訴加害人，就很難在下次遇害時，有勇氣舉報痴漢。這都是因為整個社會過於輕視性犯罪也不愛護被害人，所以痴漢才能不斷地犯案。

痴漢如何看待「和解金」？

加害者提出和解金之後，大部分的女性都會撤銷控訴。

這對痴漢來說是絕大的利多，有時甚至可以在公司或家人都不知情的情況下收拾善後，所以痴漢自然而然會覺得「倒不如早早承認犯行，付一付和解金了事」。

和解金的多寡端看與被害人的交涉，比方說，被害人要求三百萬，但加害人無力支付時，雙方可互相讓步，談出雙方都可接受的金額，有極少數的例子甚至是三十萬就和解。如果是強姦案，也有一千萬左右和解的例子。雖然不可一概而論，但和解金的多寡似乎是由犯行的暴力程度與被害者的受傷程度決定。

不過當場其實很難衡量被害者到底受到多少傷害，就算當下看起來沒有異狀，但日後仍有可能為創傷後壓力症候群（PSTD）所擾，也有過了幾年，身心出現問題的例子，所以和解金再高，也不見得就能撫平被害者的傷痕。

和解金的金額若是過高，加害者恐怕得先得到家人同意才有辦法支付，所以很難瞞得過家人。假設加害者的年紀尚輕，收入或存款不足以支付和解金，就有可能得拜託父母親代墊。

家人通常會非常震驚。明明是好老公、乖兒子，怎麼突然間因為性騷擾而被逮捕，聽到這項事實，心情免不了大受動搖。付完和解金之後，便會聯絡我們診所，希望我們幫忙加害者戒掉這個壞習慣。療程的一開始，我們會先問學員付了多少和解金，又是由誰支付，此時便能看出加害者與家人之間的親子關係。要防止加害者再犯，絕對少不了家人的協助，所以這也是非常重要的資訊。

姑且不論經濟條件不錯的加害者，對一般的加害者而言，幾十萬、幾百萬的和解金絕不是個小數目，他們當然也會引以為戒，告訴自己「絕對不要再犯」，尤其是在被逮捕的經驗還很少的時候，更是會在心裡如此告誡自己。

可是久而久之他們會發現，被逮捕或是付和解金，沒有他們想得那麼嚴重。他們打從心底害怕的是，失去家人、工作與社會地位，所以他們不是那麼在乎和解金的多寡，只有「付錢了事」的感覺，失去的只有金錢。如果能在公司不知情的情況下解決，那麼「再也不犯」的誓約也就沒那麼值得遵守。他們在付完和解金之後，甚至會有「得救了」的想法，然後又回到不斷犯案的日常生活裡。

目前沒有資料指出，有多少痴漢案件是以和解金解決的比例，也沒有資料說明，有多少人是在付完和解金，不被起訴的情況下再次犯案，但我們所認知的是「和解金無法遏止痴漢行為」，尤其來本診所的患者，通常都是被逮捕過，卻戒不掉的慣犯。

被逮捕後「更加扭曲的認知」

痴漢行為的初犯通常可以得到緩刑。

話說回來，「初犯」這個名詞與痴漢的真面目根本不相符。初犯的意思是「第一次犯案」，但大部分的痴漢都是慣犯，被他們魔爪侵犯的女性早就不計其數，但被逮捕時，不會追究他們過去的犯行。

即使是一再被逮捕，一再付和解金，大概要四～五次，他們才會在法庭被視為慣犯，所以早在初犯之前，就對多位女性伸出魔爪的他們，肯定在第一次與第二次被逮捕之間，或是第二次與第三次被逮捕之間，製造了不少被害者。如果能在他們第一次被逮捕時，就予以適當的處罰，這些女性就能避免受害，這不禁讓我覺得「因為是初犯，所以能得到緩刑」的不成文規定應該早點檢討。

更糟的是，有些痴漢會因為被逮捕而更渴望犯案。

他們的想法是「只不過是剛好被逮而已」，會覺得是自己的技巧不夠精進或是對環境的解讀過於天真才被逮，總之他們會覺得「是因為不走運才被逮」，完全不會想到「戒掉這個壞習慣」、「再犯很危險」、「說不定哪天會失去家人與工作」，而且還會告訴自己「只要下次犯案技巧高明一點，就不會被逮」。

換言之，他們不覺得自己會被逮，是因為痴漢行為是不為社會見容的行為，而是「因為自己的不謹慎」。其實也有人不小心吐露「當時真不走運」的心聲。若以角色扮演遊戲比喻，他們覺得自己只是不懂攻略方法，才讓遊戲結束，只要下次以正確的方法攻略遊戲，這個遊戲就能繼續下去，他們根本沒有戒掉這個遊戲的想法，這也可說是「認知扭曲」的一種。

被逮捕這件事可讓他們知道自己的認知有多扭曲，也可讓他們反省自己，也必須是讓他們戒掉痴漢行為的機會。

但是，若沒有接受專業治療，只會白白浪費這個機會，於是痴漢便會編個「只是剛好不走運」的故事欺騙自己，讓自己信以為真，接著又開始犯案。這也是扭曲認知的伎倆之一。這些只會鼓勵他們「下次犯案一定要更高明」。反正公司也不知道他跟被害者和解，自己的生活與習慣也沒有任何改變，因此可以繼續精進自己的犯案技巧，繼續過著不斷犯案的生活。

痴漢也很重視資訊收集這回事，所以他們也會在網路搜尋「被逮捕之後，會有什麼下場」的內容。例如他們會搜尋，被逮幾次之後，就不能以和解的方式收場，或是被起訴之後，大概會被判多久，他們會牢牢記住這些內容，然後邊犯案，邊思考「這次被抓的話，應該還不會真的被關」、「只要誇張地演出反省的樣子，應該就能和解」。這些資訊原本是讓被害者能以法律自救的內容，沒想到會被加害者反過來利用，這真是讓人氣憤無比。

和解也好、被關也好，都無法阻止他們犯案。在擬訂杜絕痴漢的方案時，都必須先考慮這個現實。嚴刑峻罰或許能一定程度地遏止想要犯案或是剛開始犯案的痴漢，但無法對慣犯產生任何約束的效果。不過，對痴漢處以重刑也是告訴整個社會「性犯罪是不可原諒的罪行」，讓每個人知道，不能再這樣放任痴漢不管。

被害者應該不會覺得「第一次被逮就入獄服刑」太嚴苛。我非常贊成對性犯罪處以重罰，這麼一來才能讓整個社會明白，之前不對性犯罪處以重罰是件多麼奇怪的事。

但就現況而言，不管是逮捕還是入獄服刑，都無法阻止痴漢想要犯案的衝動，所以痴漢問題才這麼棘手。下一章要為大家闡明痴漢再犯率高居不下的背景因素以及他們不斷再犯的原因。

第5章

既不反省也不贖罪的加害者——超高的再犯率

不管坐牢幾次，都戒不掉痴漢行為的男人

我在診所，每天都面對許多性犯罪加害人，不過給予的不是照顧，也不是支援，充其量是在避免他們再犯的「再犯防止療程」這個框架下面對他們。此外，從接觸的過程中找出性犯罪與性犯罪者的真實情況，並且根據實證的資料阻止他們再犯，也是我們診所的使命之一。

放眼全世界，性犯罪是很容易累犯的犯行，也是再犯率極高的犯罪。一如前述，美國學者埃布爾曾發表「一名性犯罪者一輩子約對三八〇位被害人犯案」，每天犯案的痴漢並不少，所以也有人的記錄輕鬆超過上述的數字。

連續的犯行可因被逮捕而畫下休止符。假設最終只以和解或罰緩結束，他們只會安份一陣子，就算被家人發現或是在經濟上有些損失，只要不被公司發現，仍能保有正常的社交生活，他們就會心存僥倖，過了一段時間，內心的衝擊平息後，他們又會開始犯案。

一犯再犯的犯行累積到四、五次之後，就不得不站上法庭受審。雖然初犯通常可以得到緩刑，但如果情節較惡劣，或是過去曾有其他性犯罪的前科，被判斷再犯的可能性極高時，就很有可能得入獄服刑。

想當然爾，坐牢的時候是無法犯案的。照常理來說，這段無法製造新被害者的期間，他們應該接受矯正教育與指導，從中學習「避免再犯的生活方式」，但未完整接受矯正就回到社會的痴漢數量壓倒性的多。

一如第一章的【圖八、35頁】所示，來本診所就診的患者有一半以上曾被逮捕與入獄服刑，換言之，他們幾乎都曾被判有罪，也都是「前科犯」。遺憾的是，若用他們的話形容和解，那就「大事化小、小事化無」，這也意味著，治療的效果不彰。

本書常引用的《犯罪白皮書‧二〇一五年版》也有「性犯罪者的生態與再犯防止」的副標題。其中提到性犯罪的再犯率遠高於其他類型的犯罪，也把探討性犯罪的真實樣貌與背景作為二〇一五年的一大主題。

事不宜遲，讓我們看看這本犯罪白皮書裡的再犯率相關資料【圖一】！「再犯」在這本犯罪白皮書的定義是：「自判決確定後的五年內，再次被判有罪」。

這本犯罪白皮書的調查對象是從二〇〇八年七月一日至二〇〇九年六月三十日，被判決有罪的人之中挑選，挑選的條件為距離上次判決有罪五年，但排除正在坐牢或於坐牢期間死亡的人，總人數為一四八四人，其中再犯的人約有20%。話說回來，這裡說的「再犯」不僅限於性犯罪，還包含竊盜、傷害與其他犯行，所以若將範圍限縮至「性犯罪的再犯」，約占整體的13.9%。

這意味著，每十名性犯罪犯人會有超過一人以上，在出獄五年之內，再次對女性施加性暴力……比例之高，很難讓人睜一隻眼、閉一隻眼，而且這數字還只代表「再次被逮捕」或「程度已達犯罪」的暴力。若從大部分女性選擇忍讓、不敢報案的現況來看，恐怕這些累犯的人在被再次逮捕之前，很可能已經發生多次性暴力。此外，就算有前科，也有因為和解而不被起訴的案例，而這種案例不屬於「再犯」，所以性暴力的人數應該遠遠超過前述的數據。

【圖一】再犯調查對象的再犯率

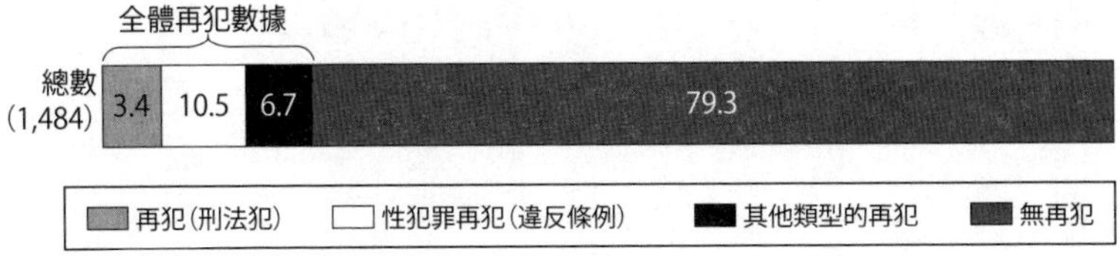

【圖二】性犯罪初犯的年齡層

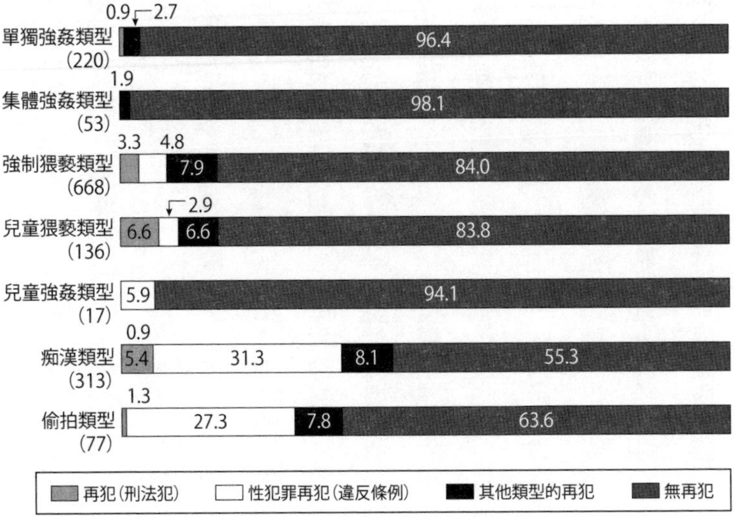

*( )之內的數據為各類性犯罪者的人數

在性犯罪之中，再犯率特別高的「痴漢型」

那麼，本書主題的痴漢，再犯率高不高呢？

從上述的犯罪白皮書的圖表【圖二】一看就能看出，痴漢的再犯率遠遠高於其他的犯罪類型。這裡使用的名詞是「痴漢類型」，但對應的是「罪名為違反條例，犯案行為包含痴漢行為」的犯罪類型，換言之，犯行更惡劣的強制猥褻不在此列。在三一三名犯人之中，約有接近半數以上的比例犯了其他的罪。

若進一步審視數據，可發現「其他類型的再犯」只接近一成，其餘的幾乎都是性犯罪的再犯。簡單來說，「性犯罪再犯（刑法犯）」對應的犯行為強姦與強制猥褻，「性犯罪再犯（違反條例）」對應的是違反迷惑防止條例。一如前述，圖表裡的「痴漢類型」只代表因違反條例而入獄服刑的人。

因違反條例被判決有罪後，五年內，再次因違反條例而判刑的人約有

30%，但是因「性犯罪再犯（刑法犯）」被判決有罪的人也有5.4%，這代表這些人的犯行越來越惡劣，或許是一開始只在電車內犯案或是在其他場所強制猥褻，後來演變成強姦，我們無法從圖表得知真相，但是對這些以極為惡劣的手段踐踏女性尊嚴的他們來說，這些刑罰到底有何意義可言？

接著讓我們換個角度觀察這些人的「前科」。

在此提出的都是於上述調查期間判決有罪，後來又再度被判決有罪的人的資料。從【圖三】可以看出調查對象為之前就曾不斷犯罪的人的比例。換言之，這些人都是因為再犯才被納為調查對象。

從圖中可以發現，痴漢與偷拍的「前科」比例遠遠甩開其他類型的性犯罪，尤其痴漢的「性犯罪前科率」高達85%，高得不禁讓人瞠目結舌。

這裡提到的前科，不只是一次，從【圖四】可以看出有二次、三次前科，甚至很可能累積更多前科的比例。值得注意的是，在這張圖表裡，痴漢的數值也遠遠高於其他類型的性犯罪。

【圖三】有無前科的比例

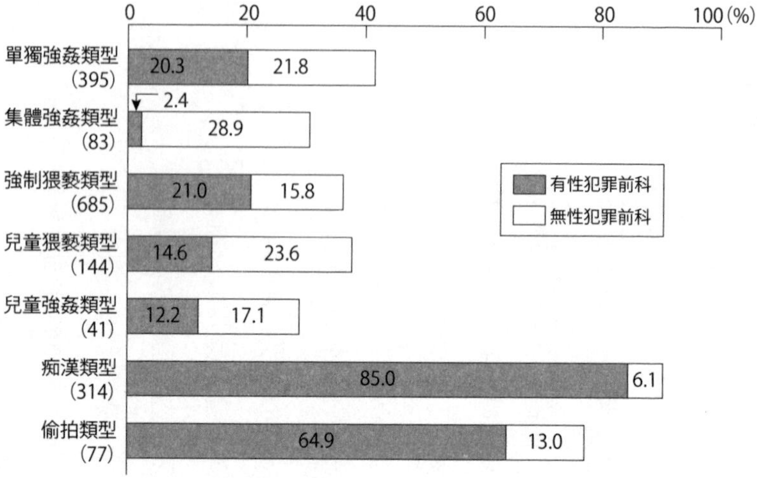

*( )之內的數據為實際人數

【圖四】再犯調查對象的再犯率(依性犯罪類型分類)

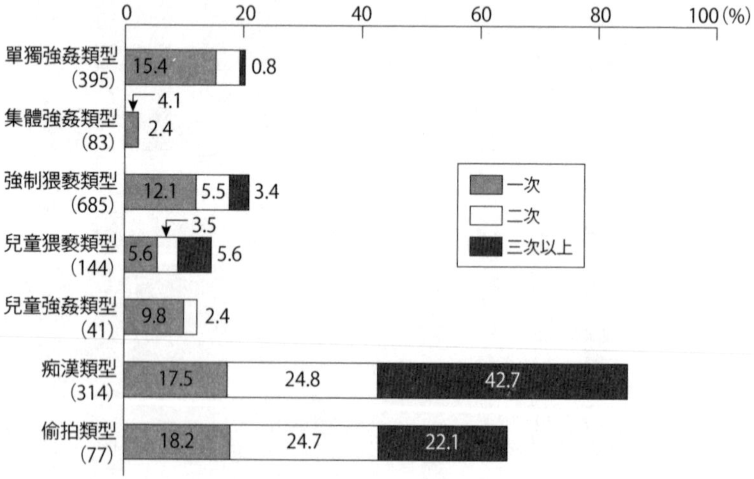

*( )之內的數據為實際人數

【圖五】性犯罪前科的量刑狀況

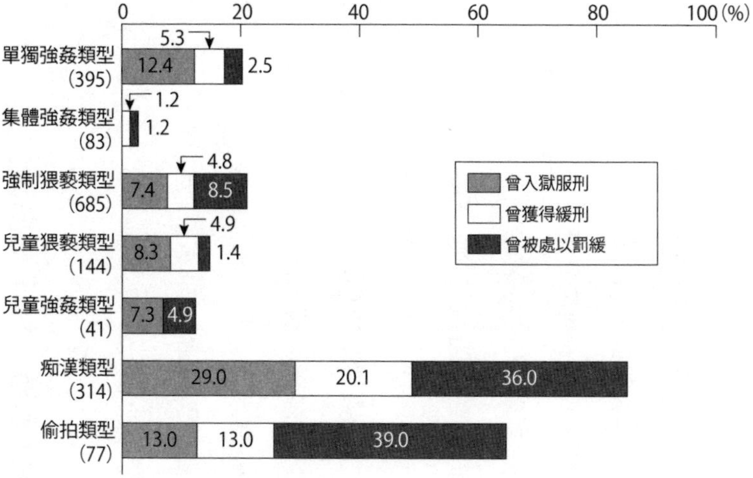

*( )之內的數據為實際人數

有性犯罪前科的人共有二六七人，強姦前科的有十人，強制猥褻前科的有六十八人，違反條例前科的有二五〇人（其中有重複計算的部分）。從【圖五】可以看出，上述這些人最終被判罰緩的比例很高，但被判緩刑或入獄服刑的比例也比其他類型的性犯罪來得多。

在過去，若是因強姦而被判入獄服刑的人，通常會在服刑期間接受性犯罪再犯防止指導（後述）。這是為了避免他們再犯的課程，但從上述這些圖表可以發現，即使接受了這類課程，出獄後再犯的人仍不在少數。

每犯案一次，痴漢的成就感就多一分

該調查也指出，嫌犯解除拘留時就有可能再犯，而從這刻到法庭正式對再次的犯行宣佈判決之前的這段時間稱為「可能再犯期間」。請大家先看看【圖六】。最左側的（）之內的數字是再犯期間最短的天數，中間則是中位數的天數，最右側則是再犯期間最長的天數。

令人最驚訝的是，痴漢類型的再犯期間居然是「0天」，這意味著在法庭上被判有罪到實際入獄服刑的這段期間就立刻再犯，換言之，痴漢即使知道自己即將因為犯行受罰，卻還是忍不住再犯。

從痴漢類型的資料來看，再犯期間的中位數為287天，也就是不到一年就再犯，因此從圖中也可以發現，痴漢的再犯期間遠比其他的性犯罪來得短。

第四章已經提過，曾被逮捕的痴漢比未曾被逮捕的痴漢更擔心自己在犯案過程中被活逮，他們似乎覺得一旦被逮，就無法享受原本的日常生活，而是會被丟

【圖六】再犯調查對象的性犯罪者類型再犯期間

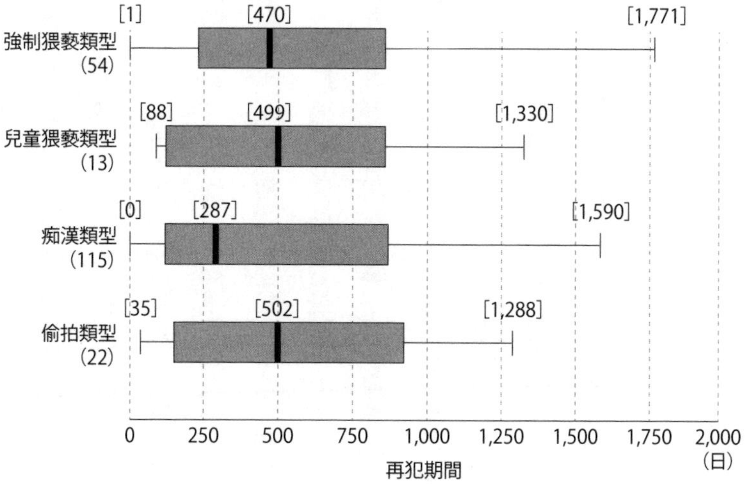

*（ ）之內的數據為實際人數

進地獄。

只要能戒掉痴漢行為，就不會再被逮捕，也就不用再擔心自己活在地獄裡，但之前的資料也指出，即使痴漢這麼害怕，卻還是會忍不住犯案。一般認為，性犯罪是再犯率較高的犯罪類型，而在各種性犯罪之中，痴漢行為的再犯率又是遙遙領先的第一名。第一次被逮的痴漢會告訴自己「我不想再被逮，我絕不再犯」，但最終還是忍不住騷擾女性，結果又被逮，然後又告訴自己「我再也不想經歷被逮的恐懼」，但還是繼續被逮……。

先前提過，痴漢的「生存意義」就是享受這種高張力的刺激感，所以他們雖然害怕自己被逮，但每次被逮，成就感就越高，他們也因此樂在其中。想追求更高刺激的「貪欲性」，與不管曾有多少損失都學不乖的「反覆性」都是性成癮症的特徵，而這些特徵會在每次被逮捕時更加顯著。

他們這種惡性循環若是不被中斷，就會不斷地出現新的被害者。如果能防患於未然，阻止潛在的痴漢犯案的確是很理想的做法，但實務上是不可能的，所以為了儘可能減少新的被害者出現，我們能做的就是阻止那些控制不了衝動而不斷犯案的慣犯，也就是找出防止再犯的方法。

在找出這個方法之前，讓我們進一步探討「為什麼痴漢自己戒不掉這個壞習慣」。關鍵字就是「反省」。

出庭時，強調「防止再犯」的可能性

在判決痴漢或其他性犯罪的法庭裡，總會出現某個固定的場景，那就是律師替被告朗讀寫給被害者的「道歉信」，內容主要是承認自己的犯行，以及反省自己的行為，強調犯案當下沒想到會對被害者造成傷害，總之就是一連串道歉的內容。

我常以性犯罪被告的專家證人身份站上法庭。對加害者而言，一被逮捕，全世界就跟著崩塌，但他們在意的不是犯行造成的傷害，而是因為「犯案失敗」、「我已經完了」這些理由深受打擊。

不過就事實來看，越是資深的痴漢慣犯，越「無法自行戒掉」這種壞習慣。不管事先的準備多麼周到，仍有被逮捕的「風險」。「什麼時候會被逮啊……。」雖然不是每個痴漢都是這樣，但的確有些人因為這種恐懼而變得神經兮兮。雖然痴漢行為是不容寬恕的犯行，但對痴漢來說，心裡一邊吶喊「有誰可以來阻止我」、「我想停止犯案」，卻怎麼也戒不掉，的確是件非常痛苦的事。

只有被逮捕，為忍不住犯案的每一天畫下終止符，他們才有機會從「習慣犯案的自己」變成「不再犯案的自己」，這個過程又稱為「認知行為改變」。就理論而言，在他們償罪的時候，讓他們接受防止再犯的治療與矯正是最理想的模式。

本診所從二〇一一年開始提供「司法支援療程」（LSP：Legal Support Program），這是一種從痴漢被逮捕，進入司法程序的階段就開始提供的性犯罪再犯防止治療，這在日本是首見的嘗試。律師會告知很可能再犯的當事人這種療程，希望他們接受治療。只要確定他們想接受治療，我們就會在他們被拘留的期間，與他們多次面會，同時在案件進入司法程序之後，與他們一起透過治療，尋找戒掉犯行的方法。這個療程的前提是，他們出獄後，必須來到本診所接受再犯防止療程。他們入獄期間，我們會與他們持續聯繫，以便讓他們出獄之後，立刻來到診所接受治療。

我通常是因為律師的委託才站上法庭當證人，而我的任務是評估與管理風險，換言之，就是評估被告再犯的風險有多高，以及管理風險與治療的可能性，同時說明被告面對犯行的態度，讓法官與檢察官知道，被告將透過專業的療程避免自己再次傷害女性。

話說回來，就算被告表現出一副深刻反省的模樣，也不太能影響法官的量刑，這是因為還沒來診所治療，又怎麼能減輕量行。

而遺憾的是，像本診所這種民營機構提供的再犯防止治療，在司法的世界仍未普及，所以當我坐上證人席，法官與檢察官還會問我「什麼是再犯防止療程」、「療程有什麼內容」、「實際上有效果嗎？」光是回答這些問題時間就耗盡，來不及具體提到有關被告的事。不過我覺得讓司法界的人知道性犯罪有可能治療這件事，也是我上法庭當證人的意義之一，或許也能減少新的被害人出現。

剛剛提到的「道歉信」也是為了讓法官與檢察官了解被告有反省之意才會當庭朗讀，但從證人席回到旁聽席的我總是意興闌珊地聽著道歉信的內容，因為這種模仿範本寫成的制式文章根本反映不了當事人的情緒。不對，至少在寫的當下，當事人真的在反省，但我覺得連這個反省都很膚淺。要是連我都這麼想，那麼在現場的原告女性應該會越聽越火大吧。

加害者常選擇性地忘記自己做過的事

話說回來，「反省」的意思是什麼？

翻開字典，「反省」的意思如下：

- **回顧自己的一言一行，重新思考行為是否妥當**
- **承認與檢討自己的錯誤**

我們的社會期待性犯罪與其他類型的罪犯反省，尤其希望後者能「改過向善」，而就痴漢的情況而言，我們希望他們能洗心革面，不再沒來由地傷害女性。真心悔改，真的能讓人變成另一個人。

不過，痴漢就算被逮捕、被判入獄服刑，也不會反省，他們也只覺得「反正一切已無可挽回」，完全沒想到被害者的處境。痴漢的確覺得自己對不起家人與身邊的人，但對被害者一點都沒有這種感覺，尤其他們早就把自己對女性的暴行，也就是所謂的「加害者記憶」忘得一乾二淨。

大家或許會覺得哪有忘得那麼快的，但我們診所在進行再犯防止療程的過程中，真的發現這個情況。

一如前述，來我們診所接受治療的學員，約有六成曾被逮捕過，也有一成五左右的學員曾入獄服刑，兩者加起來，約有七成五的學員在接受治療之前，就已經接受過刑罰。

再犯防止療程有一個部分是讓曾犯過相同罪行的人，以小組討論的方式，回顧自己的犯行。當我問這些學員，參加這個小組討論「有沒有覺得自己有任何康復的跡象」，他們寫在表格裡的回答都是「能更客觀地審視自己的狀態」、「覺得自己對不起家人」、「想多陪伴家人」……基本上，都是在講自己與家人的事。

不管是哪個學員，都沒提到「被害者」這三個字，也完全看不到「我終於能體會被害者的心情了」這類回答。明明性犯罪是必須有被害者才會成立的罪名，但為什麼這些學員在回顧自己的犯行時，會如此巧妙地忽略被害者的存在呢？

因為時間沖淡了記憶……這現實只屬於加害者，至於被害者，是想忘也忘不掉，有些人甚至過了好幾年，都還是覺得歷歷在目，導致生活出現問題、長期失眠、無法與別人建立良好的人際關係。忘不掉的痛苦會造成深刻的影響，所以有必須給予適當的長期治療。

儘管被害女性強忍著痛苦，加害者卻一點也記不得她們，也不記得曾對她們施暴的事實，一時間真的很難叫人相信吧。

對加害者而言，「反省」到底是什麼？

不斷被逮捕、不斷再犯的痴漢慣犯通常會自行竄改所謂的「加害者記憶」。第四章曾提過，認知扭曲的他們通常會把被逮捕這件事解釋成「剛好不走運」，歸根究柢，他們就是不想戒掉痴漢行為。前面也提過，痴漢都會竄改記憶。請大家在此回想一下，痴漢很常有意識無意識地以「女性也很享受」、「是那個女的誘惑我」這種話術修飾事實，藉此替自慰助性或是鼓勵自己再次犯案。

假設認知不再如此扭曲，他們就會發現「對女性施暴是不值得原諒的行為」，也就無法繼續犯案，而對他們而言，保有這份記憶只會讓他們覺得痛苦，只要忘掉這個過去，就能免除自己的罪惡感與心中的糾葛。對於向外宣稱「我再也不犯案」，但內心深處還想保有身為痴漢的生存價值的人來說，「加害者記憶」只是一種干擾。

這些痴漢連在接受療程時，都會忘記被害者的存在以及竄改自己的記憶，但他們通常會向被害者以及被害者家屬寫道歉信，並在法庭上大聲反省，即使第一次站上法庭的痴漢，也會在家人、警察、律師以及我們這些旁聽者面前向被害者道歉與反省。

除了被害者之外，日本社會也期盼這些為了一己私慾而加害女性的痴漢表現出慚愧、消沉的神情，以示自己的愧疚。

可是不知道大家是否記得，我們小時候不小心弄丟東西，或是忘記寫作業被老師罵的時候，以及長大後，因為工作上的失誤被上司罵的時候，都會裝出一副道歉與反省的模樣，雖然拿這些事與性犯罪相比，的確是牛頭不對馬嘴，但其實我們自幼就學會「讓別人知道我們正在反省」的技巧，也知道這麼做，能讓自己逃離當下的困境。

反省時，絕少不了道歉，而道歉的重點在於態度。如果邊訕笑邊道歉，只會被人認為「你根本無心道歉」，有時還會反過來激怒對方。如果內心不把道歉當一回事，又被對方察覺得話，事情會無法收場，所以就算是裝，也要裝得像一點，這就是日本社會的處世之道，

對成癮症的人來說，眼淚與下跪都很廉價。在二〇一三年爆紅的「半澤直樹」一劇中，下跪是意義相當重大的行為，但藥物、酒精、賭博成癮的患者能輕易地向自己的家人下跪，宣佈自己「再也不犯」。到目前為止，我已經看過很多人在我面前跪著說「我絕不再犯」、「請讓我繼續接受治療」、「請不要跟警察（我的家人）說」、「請放我一馬」……下跪的花樣還真是千奇百怪。

每當他們又開始酗酒、嗑藥、為了賭博而欠債，他們的家人都會非常生氣，而他們每次都會磕頭認罪，聲淚俱下地說「我絕對不再犯了」，他們的家人也會因為「他們既然都哭著反省了」而相信他們，只是過沒多久，又會發現他們出現同樣的症狀。

其實在成癮症的治療過程中，一定會出現復發的症狀，但對一再被背叛的家

人來說，實在是不堪其擾，往往會責問成癮症的患者「又犯了？」「你這不守承諾的傢伙」，有時候甚至連罵好幾小時，然後這些患者為了逃避這些責罵，只好再次聲淚俱下地跪著道歉。我現在很少看到性犯罪療程的學員在治療過程中下跪，但我想，他們還是會跪著向家人道歉。

我想說的是，他們真的有在反省嗎？

我總覺得對他們而言，下跪彷彿是種儀式，他們一心想早點停止被罵，被追究責任，才裝出一副反省的模樣，而看到他們這樣的家人也只好壓下滿腔的怒火……總之，就是這一整套的流程。我們也有這樣的習慣，所以才會知道，其實這些患者不是真心悔改，而在這些假裝反省、道歉的儀式之中，最具代表的表演之一，莫過於在法庭朗讀道歉信。

加害者的道歉信沒有半點悔意

在法庭朗讀的道歉信雖是由痴漢本人所寫，但內容不一定是發自內心。

資深的刑事辯護律師告訴我，若真讓這些痴漢把心中所想的一切寫出來，別說安撫被害者與其家人的心情，還可能反過來激怒對方，所以才不在法庭朗讀這種會對被害者造成二次傷害，又讓法官的心證變差的信，這對被告實在一點好處都沒有。負責辯護的律師通常會在朗讀道歉信之前，將內容往反省與道歉的方向修正。

原來如此，這就是為什麼這些道歉信的內容聽起來那麼膚淺。在此為大家介紹一封道歉信的內容（為了不透露當事人身份而有部分修改）。

致被害人

敬啟者

因為我的愚昧與自私，對您造成難以撫平的身心創傷，真的感到非常抱歉。我知道我的所作所為，已嚴重到無法以言詞形容，但還是希望透過這封道歉信表達謝罪之意。我不知道您是否願意一讀，但希望能讓您的心情稍微平復。

雖然我仍不明白自己為什麼如此愚不可及地對您犯下如此重大的罪行，我卻知道我一定是哪裡出了問題，尤其缺乏對您的同理心，滿腦子只有自己的慾望與利益，完全沒想到您對我的看法，以及感受，我滿腦子都是那扭曲的自尊與歪理，才導致我不懂得體貼他人。

日常生活的壓力與不滿，完全不能作為犯案的理由，因為每個人都有壓力，卻不是每個人都像我一樣會犯罪，而且每天過得很快樂的人也非常多，所以我認為，我會犯下如此罪行傷害了您，全因我缺乏同理心。如果我也懂得設身處地為他人著想，或許這次的案件就不會發生。如此以自我為中心的我，不知道該如何反省，所以現在正在閱讀律師給我的書，這本書的作者是小林美佳，書名則是《遇到性犯罪怎麼辦》。

或許您不想過目這封信，但如果您願意一讀，我想，我還是踐踏了您身為人的尊嚴與人格，我也覺得，我是不可饒恕的，小林美佳也在書中描述了被害者對加害者的情緒，其中提到「被害者希望加害者一輩子都背負著不被寬恕的罪，也覺得悔過書與道歉信一點意義都沒有」。

或許您無法再像從前開朗地笑、開心地過生活，對此，我再怎麼道歉也無法補償，我也非常後悔自己的行為，我知道，我已對您造成再怎麼道歉也無法撫平的傷痛。我在此發誓，我這輩子將努力讓自己成為全新的人，也將更努力了解被害者的心情，藉此體會被害者的傷痛。在此，向您表達無盡的歉意與悔恨。

其實就字面來看，一點都沒有問題，但這不代表這些文字就寫進被害者的心坎裡，傷痛也不會就此被撫平。越是制式的內容，越是容易在被害者的心裡留下疙瘩，從第三者的角度來讀，也只覺得這如此空洞的內容令人厭煩。

此外，不管內容寫得多麼誠懇，也不會影響量刑。明明這封信毫無作用，卻還是要浪費時間在法庭朗讀一遍，所以我才覺得朗讀道歉信就只是某種儀式。為什麼這種沒有任何建樹的儀式要一再舉行呢？我們應該好好想想箇中原因。

話說回來，被害者真的希望加害者反省嗎？在上面這封信引用的小林美佳的著作裡，也有一節提到被害者並不要求加害者道歉與寫什麼悔過書。我想，這不是她個人意見，而是被害者共通的想法，儘管如此，卻還是強迫被害人接受這種為了圓滿收場與滿足社會期待才表演的「反省」。

為了反省，所以寫了這封道歉信？這根本只是場面話。在研究加害者的第一線有下面這個原則。

「加害者最大程度的道歉，只是被害者最小程度的補償」

一次的性暴力，會讓施暴的加害者與受暴的被害者就此走上不同的人生，所以雙方對「道歉」的看法當然也不可能一致。

我們平日的「道歉」都是以「會被原諒」為前提。比方說，在路上不小心撞到陌生人的肩膀，或是不小心破壞了別人的東西，只要對方沒受什麼傷，或是被破壞的東西不是那麼重要，通常只要誠心道歉就會得到原諒，但性犯罪者的所作所為是踐踏女性尊嚴，不可饒恕的暴行。

這些加害者根本不知道自己犯的罪有多麼嚴重，卻在法庭朗讀虛情假意的道歉信，被害者不願意原諒他們也是理所當然的。可是當他們不斷地反省與賠罪之後，反而會覺得「我明明都已經道歉這麼多次了，對方幹嘛不原諒」，這簡直是把自己當成可憐的被害者，這種心情也稱為「加害者的被害意識」。

強迫加害者反省只會弄巧成拙，應從改變行動開始

要讓對女性施暴的加害者承認自己的罪過並不再犯相同的錯，必須從打消「希望被原諒」的念頭開始，哪怕加害者已先向被害者道歉；接著則是時時刻刻記得自己的加害行為，以及思考補償的方法，才算是真正的懺悔。假設道歉是為了得到原諒，就稱不上道歉。

話說回來，性犯罪不僅與被害者或被害者身邊的人有關，也會牽扯到許多人的情緒，所以道歉信或下跪道歉這種反省的態度或廉價的謝罪雖然很多餘，但是當加害者一臉不在乎，毫無反省之意的話，我們還是會不由自主地憤怒。

接下來的步驟就有點困難。有證據顯示「強迫加害者反省與苛責加害者，反而會讓加害者更想再犯」。這是根據全世界的性犯罪者的情況所驗證的結果。據說家暴加害者療程也有相同的現象，所以在這些一犯再犯的加害行為之中，這算

是共同的法則。

「為什麼這麼做啊」、「都是你的責任」以這類責問的口氣要求加害者反省，有可能讓他們越來越退縮，退到無路可退之後，便狗急跳牆，對女性施暴……。雖然很弔詭，但整個社會應該知道要求加害者反省時，他們的反省通常流於形式，要他們寫寫道歉信或是下跪道歉，是無法阻止他們再犯的。

對他們來說，反省不過是在「逃避現實」，只是為了逃離當下的困境，他們的內心沒有任何改變。

反觀認知行為改變才重要，因為痴漢行為是他們的生存價值。在他們的人生裡，再沒有比這種性偏差的行為更能讓他們沉迷，他們一直以來，都是以控制或征服比自己弱小的成就感來滿足自己。

若是真心悔改，內心會跟著慢慢改變。要避免再犯，必須不斷努力改變自己的認知，抱著贖罪以及不被原諒的心情不斷謝罪。他們必須自己從療程中真切地體會上述這些心情，而不是被他人強迫反省。

只要認知行為改變，內心就會產生變化。只要沒戒掉痴漢這個壞習慣、沒有挑戰扭曲的認知，就還是會犯案、還是會製造新的被害者，而且每次被逮捕，都會讓家人疲於奔命，自己也會被孤立。

想要扭轉累積數年、數十年的認知，光靠一個人是辦不到的，必須藉助專家的知識與技巧，設計相關的療程與接受建議，一步步改變自己的行為。

就官方的課程而言，就是之前提過的「性犯罪再犯防止指導」（R3 課程）。這是在監獄實施的課程，對象是正在受刑的性犯罪者，目的是讓他們了解自己犯下性犯罪的問題，藉此避免他們再犯，採用的是經過各國認證，能有效防止性犯罪再犯的「認知行為治療」，負責執行的是獄方的職員以及熟悉認知行為治療的臨床心理師與其他民間專家。

【圖七】性犯罪防止指導的學員人數增減趨勢

二〇一一年	二〇一二年	二〇一三年	二〇一四年	二〇一五年
498	549	521	492	497

受刑人接受課程之後的效果與現況

一如【圖七】所示，接受R3課程的人數大致停留在五百人前後，儘管有些許的變動，幅度都不算太明顯。

換言之，不是所有的性犯罪受刑人都接受治療。根據日本法務省在二〇一二年男女共同參畫會議提出的資料，接受治療的都是「造成性犯罪的認知偏差、自律能力不足的人」。

這些犯人的在判決確定後，於指定的分類設施利用國際性的風險評估工具，評估犯人的問題與再犯的風險，再將犯人分成高密度、中密度與低密度三個階段。假設被分類為高密度的犯人，會在八個月之內接受每次一百分鐘，一週兩次的指導，中度則是在六個月之內接受相同的指導，低密度則是在三個月之內，但其實能實施這項課程的監獄，在日本全國只有十九所，接受課程的學員只在課程期間移監至指定設施，課程結束後，便回到原本的監獄。

課程的具體內容包含R3課程實施方向、課程本科，以及出獄之前的跟進教育，而課程本科主要分成五大階段。

第一階段 自我管理

第二階段 認知的扭曲與矯正

第三階段 人際關係與親密性

第四階段 情緒管理

第五階段 同理心與理解被害者

就結果而言，該課程具有防止再犯的效果。相關細節可查詢二〇一二年日本法務省矯正局「於刑事施設接受治療課程的性犯罪者再犯相關研究報告書」以及保護局的「於保護管束所接受治療課程的性犯罪者再犯相關研究報告書」，所有受刑人的可能再犯率下降了 6.1，獲判緩刑的人則下降了 15.4。

這些是經過統計所得的資料，而資料指出，接受課程與否的再犯率在「統計上有顯著性差異」，因此證明 R3 課程「能有效降低再犯率」。其實這個課程早在歐美得到實證，所以這個課程可說是正常執行，也有一定的效果。

不過我覺得，接受課程的方式仍有可檢討的空間。

比方說，經過分類之後，通常只有**治療反應率較高的人**會被選為治療對象。有智能障礙、精神障礙、語言表達障礙或長期服用某些特定藥物以及其他接受課程，也無法理解課程內容的人，會在第一個階段就被排除，但是若讓這些人在未經治療的情況下回到社會，他們通常會是再犯率特別高的「高風險族群」，但是他們卻無法在服刑期間得到任何指導與教育。

此外，我對接受 R3 課程的時期也有疑問，例如有的受刑人坐牢十年，卻只在第五年時接受課程，我不敢說這樣毫無效果，但一般認為，認知行為療法必須

【圖八】性犯罪者類型 判決內容與刑期的明細（以性犯罪者類型分類）

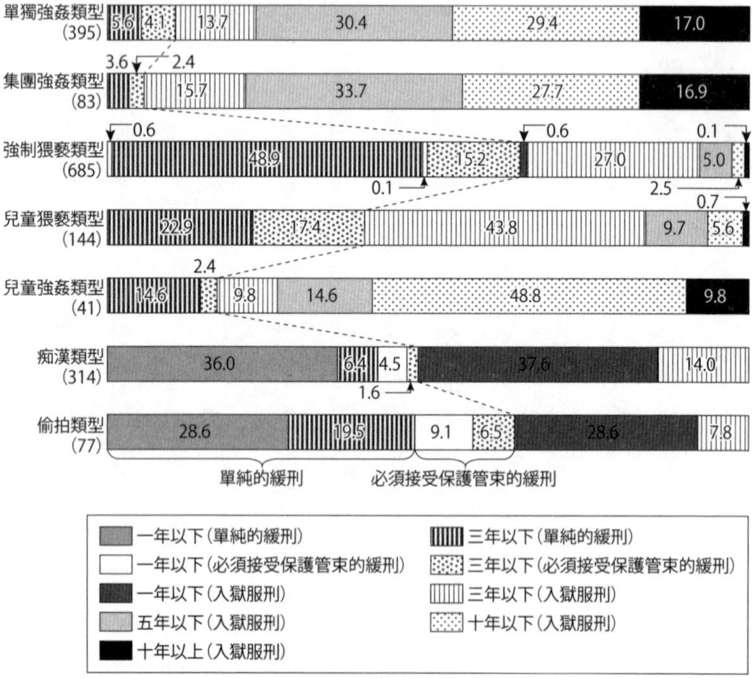

*「單純的緩刑」是指不需保護管束的緩刑

*「超過十年的徒刑」包含無期徒刑

*（ ）之內的數據為實際人數

持續治療才有效果，而他們所處的監獄是與社會隔絕以及沒有女性的空間，在這樣的環境坐完剩下的五年牢，恐怕早就忘掉五年前接受過哪些指導。在出獄前的空檔實施固然理想，但就現實來看，這樣的例子非常少，我還聽過刑期很長，卻在第二年就接受課程的例子。

這也有「刑期太短，就排除在課程之外」的意思。從【圖八】可以得知，痴漢類型的罪犯就算坐牢，通常都是一年以下或三年以下的徒刑，所以大部分的痴漢都是這個課程的漏網之魚。強姦、兒童性侵這類暴力程度遠高於痴漢的犯罪，其罪犯當然有必要接受課程，但我們前面已提過，痴漢類型的再犯率之高，而且從有兩次、三次前科的比例來看，怎麼能讓這些罪犯在未接受任何課程的情況下回到社會呢。

來本診所接受治療，又曾接受過 R3 課程的人，大約是受刑人的兩成左右，比例不算太高，我問他們對 R3 課程的感覺，有些人說「很多人是為了得到假釋而認真上課」，有些人則說「性犯罪者通常會在牢裡被欺負，所以有些人害怕自己被發現是性犯罪者，所以總是拒絕參加課程」。

此外也有人寫信告訴我，明明他願意接受法官的建議，進行適當的治療，卻在確定判刑後，在分類施設被排除在課程之外。明明當事人非常希望重獲新生的，這真是太可惜了。

出獄之後，等著他們的是充滿誘惑的社會

各地區的保護管束所也提供性犯罪者出獄之後的課程。這種「性犯罪者處置課程」的主旨在於避免他們在回到社會之後再次犯罪，所以通常會以假釋的犯人或需要進一步保護管束但獲得緩刑的人為對象。就目標與採用認知行為療法這點來看，與監獄裡的R3課程相去不遠。學員必須每兩週接受一次保護管束官的「核心課程」，總共需要接受五次。

1 性犯罪的過程
2 認知扭曲的扭曲
3 自我管理與人際關係的技巧
4 對被害者的同理心
5 再犯防止計畫

就連內容也與R3十分相似，但最大的差異之處在於學員已經回到社會了。監獄裡面幾乎沒有女性，每個人的壓力也都不一樣，更何況他們之所以犯案，很大的原因是來自社會生活或人際關係的壓力，而且背著前科回到社會，會讓他們的壓力更大，再犯的風險也會增加，所以現在也有跟他們約見面，去他們家裡進行訪問，了解他們的生活情況，再給予適當建議的「指導強化課程」。

此外，目前也有在精神上支持加害者家屬的「家屬課程」。家人通常是痴漢回歸社會的最強後盾，而這個課程就是要強化這個後盾，阻止痴漢再犯。課程期間與當事人接受的課程一樣，都是三個月，但通常不包含家庭訪問，頂多只是個別聊一聊而已。

這個性犯罪者處置課程的對象是得到假釋，且保護管束期間達一定長度（三個月）的人，所以就算曾在監獄接受過 R3 課程，保護管束期間只有一個月的話，回到社會之後也無法接受這項課程。

這類犯人若能得到假釋，通常是因為在服刑期間表現良好，出獄之後，又有親人可以監護，其實這些人的治療反應率本來就比較高，再者，雖然【圖九】的資料不只包含痴漢，還包含其他性犯罪者，但這份調查報告也指出，獲得假釋的人比起刑滿出獄的人，再犯率的確較低。有親人在一旁守護，也比較容易找到工作或許是再犯率較低的緣故。再犯率較低的人比較容易被選為課程的治療對象，但再犯率較高的人卻在回到社會後求助無門，於是再犯率就在他們被孤立的身心狀態下越來越高，這不是很矛盾的現象嗎？我們把這種刑滿出獄，卻無課程可上的狀態稱為「司法的斷尾處置」。

【圖九】再犯調查對象的再犯率（依出獄理由、年齡層分類）

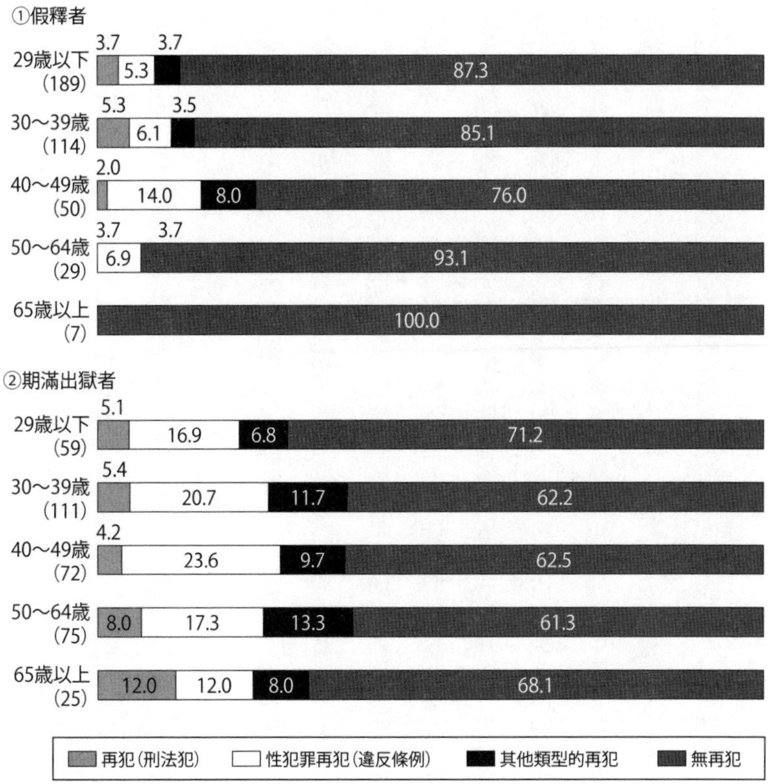

＊（ ）之內的數據為實際人數

此外，上述的課程也只有五次，之後雖然還有跟進的課程，但很少人能在如此短暫的期間內學會避免自己再犯的技巧。要知道，他們現在身處的環境已不是監獄，而是充斥著誘惑的社會，而要他們在這麼短的時間內，學會拒絕這些誘惑的技巧，實在是太難了。

尤其出獄之後，需要更多的跟進與照顧。有證據指出，R3課程、性犯罪處置課程採用的認知行為療法以長期持續治療為核心，但就現況來看，日本沒有能以認知行為療法進行長期治療的公家機關。像本診所這種民營治療機構在日本國內也是少之又少，我們也沒有任何的強制力，要不要接受診療，全憑當事人的意願決定，長期來本院接受治療也不是件簡單的事，若無強制力，當事人通常會半途而廢，這等於讓他們再次打開那扇曾經關上、通往再犯之路的大門。

加拿大有「治療型保護管束」制度，每位出獄的性犯罪者，都必須在保護管束期間接受課程，至於接受荷爾蒙療法或其他藥物治療的人，必須定期抽血，測量藥物的血中濃度，若被發現自行停藥就得關回監獄，可見這種制度讓矯正設施有機會與社會合作，所以再犯率才會節節下滑，日本應該能從這項制度之中，學到不少東西才對。

要如何在痴漢回到社會之後，將他們導向「不再犯案」的方向呢？下一章將為大家介紹本診所在這方面的努力。

第6章

戒掉痴漢行為的方法——「防止再犯」治療的現實

為什麼不能把「性犯罪者關在監獄一輩子」？

有些新聞網站會留一些讓讀者評論的版面，而痴漢或性犯罪事件的報導總會有許多讀者留下非常偏激的評論，其中除了譴責犯人之外，還有許多「讓他們關一輩子啦」、「讓他們去勢啦」的留言。

這種言論一來太過極端，二來其中有許多只是誹謗中傷的內容。加害者的確是犯了難以寬恕的罪，但這類限制人權、侵害人權的留言實在令人不忍卒睹，不過這些留言的背後也藏著「要是讓這些罪犯回歸社會，他們一定會再犯」的恐懼，所以就某種程度而言，這類留言也充份反映了性犯罪的本質。

第5章說明了性犯罪的再犯率，也提到日本的官方課程仍不完備，無法降低再犯率的現況。大部分的痴漢都在沒接受任何矯正的情況下出獄，若只有監獄裡的勞動服務，是無法讓痴漢的認知行為徹底改變的。換言之，他們明明還是那個「會不斷犯案的自己」，卻被踢回充斥著誘因的社會，所以當他們沒過多久又犯案，當然會有人認為「這種人最好別讓他們再回到社會」啊。

痴漢行為其實消耗了不少社會成本。除了被害女性的人生、社會生活被剝奪之外，對鐵路公司也沒有半點好處。二〇一七年上半年，出現了不少有痴漢嫌疑、因此企圖沿著鐵路逃跑的男性的新聞，這造成電車班次大亂，有不少乘客也因此受到影響，甚至有些人在還不確定是不是犯人的時候就死掉了。

別忘了，從他們被逮捕到刑滿出獄，社會也付出了不少成本。政府雖然沒有公開支出明細，但單是一名被告，就得花一千萬日圓左右的稅金在逮捕、拘留、審判以及其他一連串的刑事手續與人事上面。據說一旦判決確定，正式入獄服刑，花在每位受刑人身上的年度預算高達三百萬日圓。

不管最終是刑滿出獄還是假釋，坐滿三年出獄的性犯罪者大概會花掉二千萬日圓的稅金。

前面已經提過，大部分的痴漢都有兩、三次的前科。我們雖然無法從圖表知道這些痴漢的刑期，但政府肯定已在這些痴漢的每個人身上投入了幾千萬日圓的稅金，而且還沒辦法讓他們戒掉痴漢行為，一再讓他們重蹈被逮捕、起訴、判決、服刑、出獄、再犯的流程，所以從每次付出的成本來看，「關他們一輩子」實在是不可行的做法。

有些人認為「讓他們關久一點，應該對社會有益吧？」一直以來，性犯罪的量刑過輕都被認為是一大問題。二〇一七年修訂刑法的時候，加重了性犯罪的量行。這當然是令人感到高興的改善，但也有人擔心刑期越長，會讓這些性犯罪者在出獄之後更被孤立，再犯的風險也更高。此外，有不少人覺得待在監獄比較「安全」、「生活比較有保障」，所以為了再次入獄而選擇再次犯案。對此，目前沒有研擬任何對策。

這些性犯罪者一定會回到社會，所以我們一定要設計一套完整的制度，讓他們在回到社會之後，仍可長期接受防止再犯的課程，讓他們有機會繼續接受服刑時的性犯罪再犯防止指導（R3 課程）以及針對假釋犯與保護管束的緩刑犯設計的性犯罪處置課程。如此一來，就能大幅降低他們再次對女性、兒童施暴，造成被害者身心受創的風險，也能大幅節省稅金。

基於上述的思維，我們診所提出了「在社會生活下進行的再犯防止療程」，設計了各種針對痴漢與其他性成癮症的治療課程。

避免回歸社會之後再犯的三大支柱

自本診所開始提供再犯防止療程之後，到了二〇一七年五月已是第十二個年頭。從一開始就有「三大支柱」作為課程核心，我們也根據這三大支柱設計各種日間夜間課程，研擬再犯防止計畫與面對學員。這套療程與治療身體病痛的療程有許多不同之處，重點也不是「戒掉」，而是「持續勒戒」。接著就為大家依序說明療程內容。

▼復發預防（Relapse prevention）

成癮症就是會復發，而酒精、藥物、賭博被譽為日本三大成癮症，即使患者下定決心「不再喝酒」、「戒掉濫用藥物的習慣」、「再去柏青哥店就把手剁掉」，前往適當的治療機構接受療程，許多成癮症患者仍有「復發」的問題。

努力「戒了」（clean）這麼久，居然瞬間前功盡棄……這種感覺都重重打擊了患者與他的家人，但這其實是康復的過程之一，我們將這種復發稱為「Slip」，也非常重視這個過程，因為我們認為這種情況是讓患者重新思考自己症狀的機會。與成癮症的同伴一起回顧復發的觸發點，分享自己怎麼看待復發後的自己，將會是邁向康復的一大步。

痴漢慣犯的性成癮症卻有「絕對不能復發」的鐵律，這也是各類性犯罪的通則，因為性犯罪是有被害者的，一旦復發，就會奪走被害者的尊嚴，人生瞬間瓦解。所有的性暴力不只是該被揭露的犯罪，更是不可再犯的罪行，因此在進行治療時，我們都會告訴學員這是最重要的一大支柱，從跟他們分享這個概念開始療程。復發預防對被害者家屬當然重要，對加害者、加害者家人以及社會，也是最重要的課題。

▼藥物療法

網路上有不少人在看到性犯罪相關的新聞之後，會高聲疾呼「讓他們去勢」，想必這是認為象徵男性「性慾」的性器是萬惡之源吧，但本書的使命之一，就是要逆風而行，站在這股風潮的對立面，提出「若以為性犯罪的動機只有性慾，將忽略藏在性犯罪背後的性暴力的本質」。

另一方面，有越來越多的證據顯示，透過性的刺激以及性關係宰制女性，藉此紓解壓力、情緒與獲得優越感的性犯罪者，可透過藥物抑制這類宛如強迫症的性行為。

本院採用藥物療法時，必定先得到患者的同意，以及使用兼顧人權的處方。具體來說，我們使用的是「SSRI（選擇性血清素回收抑制劑）」這種抗憂鬱藥。這種藥物除了用於憂鬱症的治療，也是恐慌症與強迫症的處方藥。這種藥的副作用之一就是無法勃起。無法勃起對大多數的男性是種困擾，但這也是預防復發的性成癮症治療選擇這種藥物的理由。換言之，就是反其道而行，以副作用作為主要的療效。當控制慾、征服慾與性需求結合，演變成加害行為時，就可利用這種藥物的藥效強制患者進入「性需求被壓抑的狀態」，這也可說是「防患於未然」的思維。

「沒有晨勃」、「之前遇到可以下手的女性時，會一直盯著對方或尾隨對方，但是吃了這種藥物之後，就不會一直盯著對方，擦身而過也不會想回頭看」，有服用這種藥物的患者給了我們這些回饋。也有學員告訴我們，在搭配適當的抒壓方式之後，這種藥的療效更加顯著。

每個人適合的抗精神病藥物都不一樣，約有四至六成的人在長期服用之後無法勃起。要注意的是，很可能在剛開始服用的時候會有噁心想吐的副作用，所以絕對不行輕率地服用，有些人還覺得自己的動作變得緩慢，或是有自己不是自己、不安、徬徨這些感覺。要習慣這些副作用固然辛苦，但有些人會因為「想到被害者的痛苦，這種副作用算什麼」的想法決定服藥，有些人則是覺得「有得必有失」而藉著藥物，親手斬斷自己的性需求。

有時也會開抗癮劑給觸發點是酒精的患者。喝了酒就變痴漢，為了犯案而喝酒……反過來說，只要別讓他們喝酒，就幾乎不會對女性施暴。

服用治療酒精中毒症的抗癮劑之後，就算只喝一點酒，也會出現想吐、頭痛、心跳加速的症狀，感覺就像是不勝酒力的人突然喝了很多酒，身體很不舒服的樣子。只要體驗過一次這種感覺以及持續服用這種藥物，絕對不會想再喝酒。這類藥物的效果目前已得到一些實證，例如有些人會在上班前，在家人面前服藥以及宣佈自己戒酒再出門，結果真的一整天都不會想犯案。

藥物療法無法適用於所有人，也無法強制患者服用，但我們有時會建議服用。我們會告訴學員有些人的確藉著這些藥物擺脫性慾、性衝動，專心接受療程，至於要不要服用，全憑患者自行決定。也有不少患者覺得「自己性慾太強、會犯案跟性慾太強息息相關」因而要求這種療法。

只要是藥物，就不該長期服用。當患者掌握了預防復發的技巧與風險管理的知識，我們會慢慢地減少劑量，讓他們保有「不想犯案的自我」，最後的目標則是完全停藥。

加拿大、法國以及其他性犯罪對策的先進國家會強制犯人接受藥物療法。一如前述，這些國家會定期對性犯罪者抽血，測量藥物的血中濃度，確認這些犯人是否持續服藥，一旦發現這些犯人自行停藥，就會讓他們回到監獄。我覺得，日本也需要這類具有強制力的治療制度，哪怕只能在保護管束期間執行也好。除了剛回到社會的更生人之外，強制有需求的人接受這種藥物療法的制度，絕對能進一步阻止再犯。

美國很早就針對濫用藥物的罪犯設置了所謂的「藥事法庭」。這個法庭的目的在於透過治療，讓罪犯停止濫用藥物，而不是處罰這些濫用藥物的人，此外，也設有所謂的「DUI（driving under the influence，在酒精或毒品的影響下開車）法庭」，這是針對有酒駕記錄的人提供戒酒療程的制度。有些國家則強制成癮症患者接受半年或一年的「具治療性質的保護管束」。

由於性犯罪一定有被害者，所以不可能「沒有任何罰責」，但我認為日本也需要在犯人在出獄後，強制他們接受藥物療法或其他治療的制度。

如此一來，相關的醫療設施以及工作人員就顯得格外重要。有些成癮症患者很幸運，家人願意陪著他治療成癮症，但有些沒這麼幸運的患者就會被孤立，無法面對充斥在整個社會的各種觸發點，這也是再犯率升高的典型案例。

藥物療法的目的不是透過藥物抑制慾望，而是與其他療法相輔相成的重要支柱之一。

▼讓加害者確實為自己的行為負責

第5章曾提過「加害者很早就忘記加害他人的記憶」這個加害者臨床原則。若是在擠滿人的電車用高跟鞋踩到別人的腳，應該不難想像對方痛到不行，所以會當場立刻賠不是，而且也很難忘記自己曾經踩了別人一腳吧，被踩的人也很可能忘不了這件事，因為很可能會淤青、腳趾甲破掉或是一整天的悶痛，但性加害行為的嚴重程度明明是高跟鞋踩到腳的事件所無法比擬的，加害者卻出現了「忘記加害過程」的特徵。

其實這個特徵在性犯罪與各種加害行為的加害者身上都看得到。當然，這是對被害者非常不負責任的態度，但前面也提過，若是過度追究他們的責任，反而有可能讓他們再犯。

因此我們診所將重點放在「避免再犯」。比起改變他們的內心，本診所希望先幫助他們戒掉犯行，所以會透過之後提到的認知行為療法讓他們了解犯案有什麼風險、犯案的觸發點，還會告訴他們怎麼躲開這些觸發點以及該在什麼危險狀態下介入（危機處理），總之就是以避免再犯的「風險管理」為第一優先。

人的內心要改變需要很長的時間，有可能需要五年或十年，只要他們願意來診所求診，不管需要幾年，我們都有陪他們走到底的覺悟。「你做了無可挽回的事，從今天起要不斷地提醒自己反省」，越是逼他們這麼做，越是需要時間才能改變他們的內心，所以從一開始，我們就知道這是一場長期抗戰。

我們的療程雖然以風險管理為第一優先，但不是放棄對他們要求任何責任。在實踐認知行為療法最密集的期間，我們會請專家與他們一同思考責任的問題。持續接受治療當然也是一種負責任的態度，但光是這樣還不夠。「我會負責任」這句話說來簡單，但要徹底實踐卻非常困難，因此本診所會透過下列三點，要求這些學員反省自己的責任。

○防止復發責任

之前介紹過的「防止復發」是療程三大支柱的第一項，但當時談的是主要是技巧，這裡提到的「防止復發責任」則是「所有加害人都有義務為了防止復發而努力」的思維。所謂的努力就是持續接受治療、採用藥物療法、參加自助小組，戒掉自慰以及其他種種方法。三大支柱看似彼此獨立，卻也彼此互補的關係。

○說明責任

向治療師與具有相同問題的同伴坦白自己犯過的錯，並向同伴宣誓「我絕對不再犯」。除了報告過去有哪些加害行為，也要在自己違反規矩或是使用網路以及自慰時自首，而且連「復發」的時候都要報告，雖然復發是絕不可以發生的事情。從實招來一切與基於衝動而犯行的痴漢行為，可說是站在對立面的兩項行為，所以自首能抑止潛在的犯行衝動。

或許大家覺得坦白自己的犯行並不困難，但他們可是在回憶加害過程時會忘記被害者，平常就隨意扭曲自己記憶的一群人，請大家想想，要他們正確、詳盡、忠實地說出自己的犯行有多麼困難。

舉例來說，有位男性在因為痴漢行為被逮捕與判處緩刑後來到本診所。他非常認真地接受療程，也在家人的支持下慢慢回歸正軌。沒想到某一天，警察突然敲了他家的大門。警察懷疑他是幾年前的強制猥褻案件的嫌犯，所以上門逮捕他，他本人也認罪。換句話說，雖然他表面上很努力，很希望讓自己康復，但是當他隱瞞過去的犯行時，意味著他並未坦率地面對該負的責任。

「正直地活下去」是擺脫成癮症的根本概念。應該很少人能自信地說「我一年三百六十五天、一天二十四小時都活得很正直」吧，但被成癮症糾纏的人會為了隱瞞過去的犯行而不斷地「說謊」。為了吸毒、酗酒以及借錢賭博，他們可以臉不紅氣不喘地說謊。明明告訴家人自己不再去柏青哥店，但還是忍不住去，之後又為了避免被家人責怪，反過來大聲地說「我絕對沒去！」。只要這種生活方式沒有改變，他們就很難真的康復。

藉此不斷地質問，不斷地要他們吐實，不斷地讓他們聽取同伴的經驗談，讓他們感到責任感，了解防止復發的意義，他們才有機會康復。

○謝罪與贖罪

千篇一律的謝罪是沒用的，只有在他們能夠想像自己對被害者做了無可挽回的錯事，以及對於被害者窮盡一輩子都難以擺脫的心理陰影感同身受，才能讓他們由衷懺悔，萌生贖罪的念頭。我們診所認為，要對自己沒遭遇過的事感同身受是件非常困難的事。假設這件事還在想像範圍之內，或許他們能對被害者產生同理心，但對他們來說，被害者是遠在天邊的存在。就算他們嘴巴說「我對被害人感到抱歉」，但這句道歉聽起來沒有半點真心，這也絕不是我的錯覺。

要加害者站在被害者的立場，了解被害者的心情是非常困難的。這或許才是接近真實的答案，但如果在這裡停下腳步，他們就無法進入下個階段，而且很可能故態復萌，重操舊業。

因此我們總是會問他們「要是被害者聽到你的這些行為與發言，會有什麼想法」，而且不管是在一對一的面談還是小組分享，都會不斷地問他們這個問題，希望讓他們養成在犯了什麼錯的時候，先深吸一口氣，反問自己的習慣，如此一來，他們就有機會察覺自己的認知有多麼扭曲，對女性的想法有多麼荒謬，否則他們不管來診所多久，都還是會陷在既有的認知與偏頗之中。

對我們這些負責執行療程的工作人員來說，我們也得時時提醒自己向學員提出上述的問題，這在加害者臨床稱為「雙重客戶構造」（Double Client）。對我們來說，眼前的學員是客戶，但在他們背後，有許多被他們傷害的被害者，如果我們忽略了這些被害者，就無法面對學員。我們總會思考「這些被害女性到底是怎麼接受這件事，又對這件事有什麼想法」。如此複雜的治療方式只在加害者臨床看得見。

那麼，對這些加害者而言，什麼才是真正的謝罪或贖罪？其實目前沒有「這麼做就對了」的結論，不過我認為，進行風險管理，將每一天都當成是改變行為的日子，經年累月讓自己的內心改變，培養同理心，重新信任別人，調整自己的說話方式、態度、眼神、步伐，讓生活的每個角落出現「康復」的跡象，才是真正的謝罪與贖罪。

初診時，先判斷危險程度再開始治療

「防止復發」、「藥物療法」與「讓加害者確實為自己的行為負責」是撐起本診所治療的三大支柱，但治療的流程會根據復發風險的高低，也就是所謂的風險評估設定。

有些人會在家人或律師的陪同之下來到診所，本診所會利用風險評估工具（Static-99）對他們進行訪談，再將風險程度轉換成分數，將來求診的學員分類至高密度、中密度或低密度的療程。這項風險評估工具是全世界通用的，在服刑期間接受的 R3 療程也是利用同一套工具分類課程密度。

Static 的意思為「靜態」，而風險大致分成動態與靜態兩種，前者是會「產生變化」的風險。比方說，在藥物療法提及的酒精就是其中一種。不喝酒就不會施暴，所以只要想出不喝酒的辦法就好。從現在回顧過去，也無法改變的風險因素則被視為「靜態」的，而 Static-99 則是將重點放在這一塊的評估方法。

我們常聽到，性犯罪者在過去也曾是遭遇性犯罪的當事人，所以才從「被害者成為加害者」，但就算是真的，這項評估方法也不會將過去被虐待的經歷納入評估項目。此外，過去的判決次數雖然也在我們的考慮之內，但我們更重視的是「累犯性」。我們不會一看到對方犯的是強姦或強制猥褻，就將對方歸類為高密度的療程，也不會一看到對方只是違反迷惑防止條例就歸類為低密度，而是要連同對方有無性暴力之外的前科，或是有無接觸型與暴力型的性犯罪前科。

雖然很少痴漢是被歸類至高密度的療程，但也有因為同時犯了其他類型的性犯罪而被歸類為高密度療程的學員。

我們診所會根據評估結果決定學員的治療期間、次數以及內容，而我們將這種專為性犯罪與性成癮症設計的治療小組稱為「SAG（Sexual Addiction Group-meeting）」。

不管風險高低，治療期間最少是三年。來診所接受治療的頻率與時間長短固然會隨著密度調整，但通常會要學員在一開始的半年內集中接受治療。有些人會覺得，還不如讓這些人早點回歸工作崗位，重新開始生活，但是讓他們沒有任何改變的情況下，就回到與犯案當時相同的生活環境裡，再犯的風險不可謂不低。

加害者的集中治療課程

集中治療也有日間夜間課程的形式，但多數是從星期一至星期六挑出幾天，然後從九點開始至晚上七點為止，中間只有午餐、晚餐的時間休息，算是一整天都在上課。【圖一】是課程時間表，看起來真的很像在學校上課。

一開始先從回顧自己的所做所為，加深反省的「自我回顧史」開始，接著接受「性成癮症與治療」、「性成癮症與家人」、「性成癮症與刑事手續」這些內容的「教育課程」，朗讀性成癮症相關書籍或是被害者書信的「朗讀會」以及學習認知行為療法的「S-CBT」，讓學員更加了解自己罹患的性成癮症。

接著會讓他們與患有同樣成癮症的同伴進行「案例檢討」，讓他們拿自己的

【圖一】本診所針對高風險族群實施的日/夜間課程

	星期一	星期二	星期三	星期四	星期五	星期六
10:30～12:00	SAG小組會議	教育課程	案例檢討	討論	SAG小組會議	經營會議
12:00～13:00	用餐時間	用餐時間	用餐時間	用餐時間	用餐時間	用餐時間
13:50～15:00	藝術行為療法	心理諮詢	藝術行為療法	散步作業療法	S-CBT（認知行為療法）	藝術行為療法
17:00～18:00	自我回顧史（0～10歲）	朗讀會	烹調／電影欣賞	電影欣賞	自我主張訓練	成員會議
18:00～19:00	用餐時間	用餐時間	用餐時間	用餐時間	用餐時間	用餐時間

問題與某個性犯罪案例比對，思考風險與抒壓方式。有許多學員因為不善於表達主張而不斷累積壓力，最後間接促使他們犯罪，所以我們也會讓這些學員進行「自我主張訓練」（assertion），讓他們學會與異性正常互動的技巧。由學員擔任司儀，討論各種話題的「成員會議」可讓擔任司儀的人聽到別人的意見，是一種站在別人的觀點看事情的訓練。這一切課程的重點在於有「同伴」這件事。令人意外的是，自己一個人是無法看出自己的問題的。

接著還有「烹調」、「電影欣賞」、「散步」、「作業療法」這些課程。乍看之下，這些課程好像是休閒活動，但與小組成員一起完成時，這些學員會發現分工合作的重要性。認知行為療法也非常重視日常的運動與規律的生活，所以才會將90分鐘的散步放入課程之中，希望學員能藉此養成運動習慣。

「藝術行為療法」則包含和太鼓、拳擊、空手道、草裙舞、室內制五人足球這些內容，看起來雖然很像是社團活動，但讓學員自行挑選想參加的活動，可讓他們在承受高壓或心情煩悶的時候，多一些抒壓的管道，有時還會在某些地區或院內舉辦發表會，讓他們朝明確的目標努力。

課程的重點在於「持續」。就每天上課，每天與同伴見面，慢慢學習與成長的部分來看，真的很像是在上學，不過，這每一個課程都有嚴格的標準，所以學員通常很戰戰兢兢，然而能堅持下去，不半途而廢是康復的必經之路。

透過與同伴的交流，讓自己康復

經過半年多的集中治療之後，有些人會開始找工作，此時便會切換成一週上課三次，每次從晚上九點開始的夜間課程【圖二】。

【圖二】本診所實施的夜間課程

	星期二	星期四	星期五
第一週	風險管理計畫（一個月更新一次）	復發預防課程	小組會議
第二週	SCA訊息	復發預防課程（確認前次的功課是否完成	小組會議
第三週	「來自監獄的信」課程	復發預防課程	小組會議
第四週	優質生活課程	復發預防課程（確認前次的功課是否完成）	小組會議

日／夜間課程沒有的課程也會登場。這項課程屬於使用練習簿的認知行為療法，可幫助學員了解性成癮症的機制，以及學習該怎麼做，才是避免自己再犯的「復發預防（Relapse prevention）」課程，同時還會讓他們參加名為「SCA Sexual Compulsives Anonymous」的小組，藉由病情持續好轉的夥伴的分享，建立「SCA訊息」這個對康復的想像。

令人意外的是，「來自監獄的信」這項課程非常受歡迎。這是與性犯罪服刑的受刑人寫信聯絡的課程，這對受刑人來說，也是相當重要的課程，主要是希望他們能接觸一些在意自己的人，藉此避免再犯。假設來本診所上課的學員曾經服刑，就會想起過去的種種體驗，如果是未曾服刑的學員，也會有「今天的他、明日的我」

這種感受。在雙方鼓勵的情況下，彼此也會告誡自己「絕對不要重蹈覆轍」。

接著為大家介紹在這些課程之中，相對重要的「小組會議」課程。我們會將接觸型（強姦、強制猥褻、痴漢）與非接觸型（偷拍、偷內衣）的學員分成不同組別，讓具有相同問題的學員說出自己的犯行、意見與心情，而且每一次的主題都不同，但多數都是與自己相關的主題。例如「被逮捕的當下」、「對家人的想法」、「被害者」、「康復」這類主題，有些人會回顧過去發生的事，有些則是由學員的家人所提出諮詢，就某種意義而言，這也算是一種溝通。此外，若有重大性犯罪事件的新聞報導，也會讓他們聊聊對事件的感受。

假設參加者的發言明顯不當，會故意提出來讓小組的成員分享意見，間接讓發言者知道自己的認知扭曲，不會強迫發言者接受大家的意見。有些人只參加過幾次，有些人則參加了好幾年。這個小組會議的意義在於讓學員影響彼此。

新來的學員會先聽聽已長期接受治療的「資深前輩」的意見，學習長期遠離壞習慣的方法，資深前輩則可了解新學員的態度與想法，回想過去的自己與被逮捕之前與之後的記憶，同時還能找回初心。在這種良性循環之下，慢慢地形成能敞開內心，坦白犯行的氣氛，他們也能從中學到許多東西與得到別人的回饋，彼此也成為彼此的鏡子。換言之，這有「看到彼此缺點」的效果。

自行管理在社交生活中遇到的風險

專為性犯罪或性成癮症設計的治療，都以認知行為療法為基礎，認知行為療法也被認為是在這個領域「最能預防復發」的心理療法之一，可有效矯正認知的扭曲，讓患者學會正確的待人處事之道與價值觀，在本診所也是一種預防復發的訓練。

在各類認知行為療法的課程裡，我們最重視的是「復發防止管理計畫（以下簡稱為 RMP）」，顧名思義，就是學員必須時時管理復發的風險，我們診所也會請學員把管理復發風險的方法寫在本診所製作的專用表格裡。監獄的 R3 課程也會在最後的一堂課使用類似的東西，但我們診所與監獄不同的是，學員是在自然社交生活中管理危險，所以表格的內容也稍微做了修改。我們會在個人面談時，先確認學員寫了哪些內容，如果發現了認知扭曲的內容或不當的風險管理方式，就會立刻提醒學員，刷新他們的概念。

本診所也依照眾多學員都寫到的內容製作了RMP表格的範例（圖三＝範例A）（圖四＝範例B）。第一點先提出「理想中的自己」，也就是在治療過程發現的目標，以及接近該目標的具體方法，這也稱為「優質生活計畫」。不過一邊適應社會生活，一邊朝目標邁進的過程中，有許多誘使再犯的因素等著他們。接著根據兩個範例為大家解說，學員眼中的風險以及他們的因應之道。

1 關鍵人物

要預防再犯的人當然是有性犯罪前科的學員，但治療成癮症的重點在於「持續戒除」而不是一時的「戒除」，所以需要有個能夠一起走這條漫漫長路的伙伴。

【圖三】復發防止管理計畫專用表格範例A

※平成28年7月1日更新　範例　（姓名：榎本太郎　）製作日期：平成〇〇年〇〇月〇〇日

《復發防止管理計畫專用表格：第（1）回》目標行為：電車内での痴漢　/關鍵人物：妻・SAGの仲間

☆這個復發防止管理計畫是預防性偏離行為復發的計畫。

☆採用治療的三大支柱，一個月更新一次，擬定更為洗練的計畫。

☆要克服性成癮症，就必須對康復這件事有責任感，並且抱著積極的態度。

【未有復發風險的階段：你的優質生活計畫】

【理想中的自己（康復的想像：Lv=等級）】

- Lv①：再犯をしない自分
- Lv②：治療を優先した仕事に就く
- Lv③：家族との関係の再構築

【成為理想中的自己的具體方法】

- ① SAGの通院を継続し、RMPを毎月更新する。
- ② スタッフと相談しながら就労をすすめる。
- ③ SFGへの参加協力、コミュニケーションの時間を確保する。

觸發點

【慢性觸發點（會讓狀態惡化的導火線）】

①人：大人しそうな女性（スカート）
②場所：電車内・本屋
③時間：朝（8:00-9:00）夜（18:00~20:00）
④狀況：満員の状態・飲酒時
⑤情緒（生理反應）：怒り、孤独感。

【因應慢性觸發點的方法（抒發方式）】

- 対象女性を見たらすぐに車両を変える
- 電車内でのルールを必ず守る
  ① 座る ② つり革を両手でつかむ
  ①or②が出来なければ その電車を見送る勇気を持つ
- 妻の写真を定期に入れてホームで必ず見る。

思考

【再犯風險逐漸升高的階段】

【警訊（自覺危險的訊號：Lv=等級）】

- Lv①：ルーティンとしているルールをおろそかにする。
- Lv②：K・Pにウソをつくようになる。
- Lv③：報酬として（ex 仕事を頑張ったなど）チカンをしてもいいと考える

【抒發方式（逃離危險狀態的方法）】

- ① 毎朝ルーティンとルールの確認をする。
- ② スケジュールを妻に公開しておく（GPS併用）
- ③ セルフトークで論破する。

渴望

【急性觸發點（直接觸發犯行的五個條件）】

條件①：ホームで女性を物色する。
條件②：女性のあとをつけて歩く
條件③：怒りに任せて自暴自棄になる。
條件④：あえて満員電車を選ぶ（早く帰宅するため）
條件⑤：これが最後の一回であると思い込む

【危機介入方法（你的危機處理計畫）】

- スマホのアプリの利用（警告音）
- 思考ストップ法のフル活用（ゴムぱっちん、手の甲をつねる、二の腕をつねる）
- KPへ電話をして正直に危ない状況を打ちあける。

【這次RMP的改善之處】

① 現実の生活、日常に即したRMPになるよう心がけた。
② KPとのコミュニケーションや関わりを増やしていくRMPにした。
③ 基本的な当たり前のこと（ルーティン）を確実にやっていくことを再確認出来る内容にした。

【行動化（復發：Relapse）→再犯】

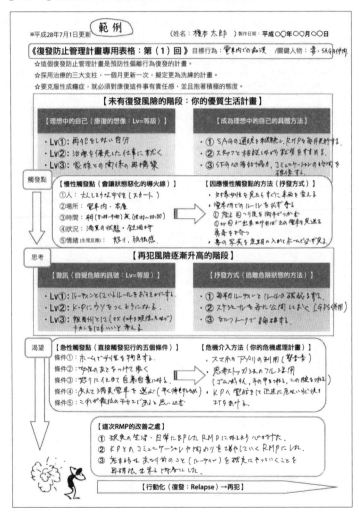

【圖四】復發防止管理計畫專用表格範例B

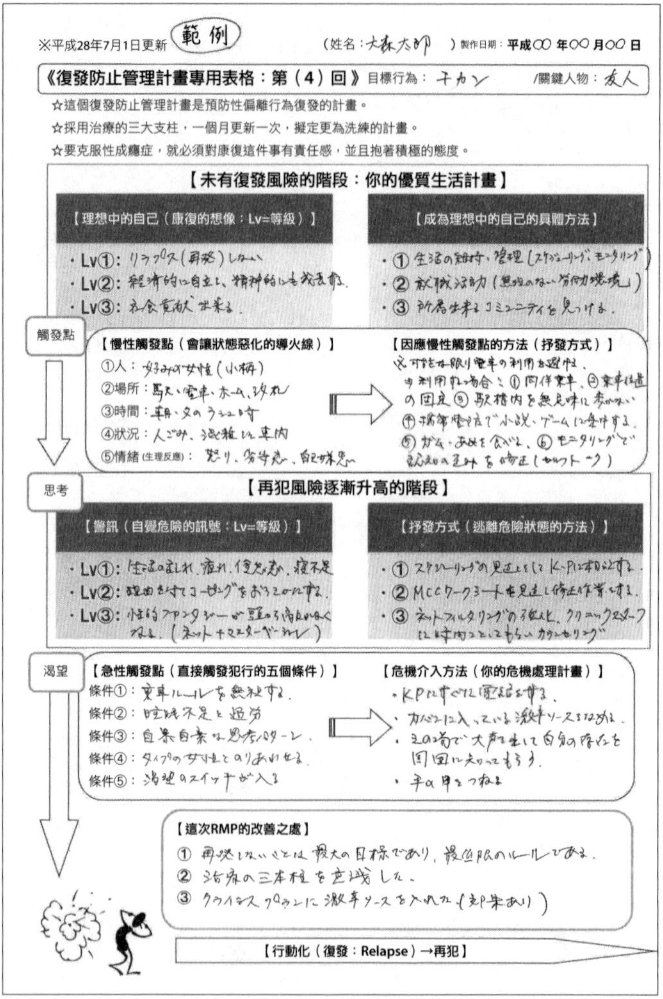

※平成28年7月1日更新 範例
（姓名：大森太郎）製作日期：平成○○年○○月○○日
《復發防止管理計畫專用表格：第（4）回》目標行為：チカン　/關鍵人物：友人
☆這個復發防止管理計畫是預防性偏離行為復發的計畫。
☆採用治療的三大支柱，一個月更新一次，擬定更為洗練的計畫。
☆要克服性成癮症，就必須對康復這件事有責任感，並且抱著積極的態度。
【未有復發風險的階段：你的優質生活計畫】
【理想中的自己（康復的想像：Lv=等級）】
・Lv①：リラプス（再発）しない
・Lv②：経済的に自立し、精神的にも成長する。
・Lv③：社会貢献出来る。
【成為理想中的自己的具體方法】
・①生活の維持、管理（スケジューリング、モニタリング）
・②就職活動（無理のない労働環境）
・③所属出来るコミュニティを見つける。
觸發點
【慢性觸發點（會讓狀態惡化的導火線）】
①人：好みの女性（小柄）
②場所：駅、電車、ホーム、改札
③時間：朝、夕のラッシュ時
④狀況：人ごみ、混雑した車内
⑤情緒（生理反應）：怒り、劣等感、自己嫌悪
【因應慢性觸發點的方法（抒發方式）】
可能な限り電車の利用を避ける。
利用する場合は①同伴乗車、②乗車位置の固定③駅構内を無意味に歩かない
④携帯電話で小説、ゲームに集中する。
⑤ガム・あめを食べる、⑥モニタリングで認知の歪みを修正（セルフトーク）
思考
【再犯風險逐漸升高的階段】
【警訊（自覺危險的訊號：Lv=等級）】
・Lv①：生活の乱れ、疲れ、倦怠感、寝不足
・Lv②：理由を付けてコーピングをおろそかにする。
・Lv③：性的ファンタジーが頭から消えなくなる。（ネット＋マスターベーション）
【抒發方式（逃離危險狀態的方法）】
・①スケジューリングの見直しをしてK・Pに相談する。
・②MCCワークシートを見直し修正作業をする。
・③ネットフィルタリングの強化、クリニックスタッフに時間とってもらいカウンセリング
渴望
【急性觸發點（直接觸發犯行的五個條件）】
條件①：乗車ルールを無視する。
條件②：睡眠不足と過労
條件③：自暴自棄な思考パターン。
條件④：タイプの女性とのりあわせる。
條件⑤：渇望のスイッチが入る
【危機介入方法（你的危機處理計畫）】
・KPにすぐに電話をする。
・カバンに入っている激辛ソースをなめる。
・その場で大声を出して自分の障害を周囲に知ってもらう。
・手の甲をつねる
【這次RMP的改善之處】
①再発しないことは最大の目標であり、最低限のルールである。
②治療の三本柱を意識した。
③クライシスプランに激辛ソースを入れた。（効果あり）
【行動化（復發：Relapse）→再犯】

一般認為，被身邊的人孤立是迫使他們再犯的一大風險因素。關鍵人物不僅要能讓學員商量，成為學員裡的內心依靠，還要在學員陷入高風險狀態時，幫助他們紓解壓力，也得幫學員管理網路的使用，是能具體幫得上忙的存在。

成為關鍵人物的條件有兩點，第一點是「了解當事人到目前為止的性犯罪歷程」。學員必須與關鍵人物分享 RMP 的內容，所以關鍵人物必須了解學員的性犯罪歷史、犯行模式，以及惡性循環，第二個條件是「能在學員很可能再犯的時候，給予忠實建議」。當學員快忍不住犯案時，一定會躲開關鍵人物，想要一個人獨處，這時候關鍵人物若能給予「這樣很危險」、「你快忍不住犯案了喔」的建議，就能阻止學員犯案。

關鍵人物可以很多位。如果關鍵人物只有一位，一旦這位關鍵人物無法扮演應有的角色，就很難幫學員抒壓，所以多找幾位關鍵人物，絕對能預防復發。

話說回來，關鍵人物會觸及學員的性事以及非常隱私的部分，所以必須是學員非常信任的人，如果是已婚者，關鍵人物通常是妻子，單身者就會是父母或兄弟，若實在找不到適當的人選，也可請診所的工作人員幫忙，當然也有像範例A的學員找小組會的夥伴當關鍵人物，或是像範例B的學員找朋友幫忙的例子。

2慢性觸發點與紓發方式

第2章提過，許多加害者會在回顧痴漢行為時，描述自己「某個開關打開了」，但明明打開開關的一直都是加害者自己，但說得好像是被別人打開開關才變成痴漢，這實在是讓人聽不下去的藉口。

話雖如此，他們身邊的確充斥著各種誘發他們犯案的觸發點，一旦遇到這些誘因，他們很可能就會忍不住犯案，卻還是毫無自覺地被這些誘因吸引，所以會再犯也很正常。每個人的觸發點都不一樣，所以得先找出自己的觸發點，再決定因應的方法。他們雖然很擅長忘記自己的加害過程，卻記得自己是在什麼狀況與心思意念之下犯案，而且不管多麼瑣碎，都記得一清二楚。

觸發點有可能是外部因素，也有可能是內部因素。比方說，擠滿人的電車、看起來很容易下手的女性或時機，這些都屬於環境或當場狀況的外部因素，而內心的波瀾、偏頗的思想、記憶則屬於內部因素，兩者的紓發方式也都不一樣。

所謂的慢性觸發點則是間接觸發犯行的因素。舉例來說，在車站月台碰見喜歡的女性類型就是慢性觸發點的一種，會讓他們再犯的風險上升。前述表格設置的①人、②場所、③時間、④狀況、⑤情緒（生理反應）這些項目是彼此相關的，而且能綜合成一個觸發點，如果能在這個階段早點因應，學員就不太會再犯，所以得先擬定紓發的方式。一般認為，紓發的方式越多越好，因為因應的模式也會跟著變多。

若是能像範例B所寫的「儘可能不要搭乘電車」，那當然是好事，但有時候就是會遇到非得搭電車移動的狀況，所以在這種狀況下的因應方式，學員可試著另行思考一些具體的方案，例如電車實在太多人，哪怕上班會遲到也先下車，或是附近有適合下手的女性就走去別的車廂，也可以雙手抓著吊環或是專心玩智慧型手機的遊戲，總之就是讓自己遠離那些誘因。

此外，範例B也寫了「修正認知的扭曲（自我對話，Self Talk）」。假設看到喜歡的女性類型，腦海裡就浮現「稍微摸一下也不會被發現」的思想，代表認知已經出現扭曲，所以每天要反省這些扭曲之處，透過自我對話的方式提醒自己「這種想法是危險訊息」、「再這樣下去，就會陷入惡性循環」。我很少一步步指導學員這些方法，但是會問學員有沒有自我對話的習慣，如果發現他們自我對話的內容有些偏頗就會予以修正。

3 警訊與因應之道

到了這個階段，就很有可能會發展成犯行。雖然我們請學員依序寫出風險增高的階段，但從範例可以發現，他們會先違反「避免自己再犯」的習慣與規則，或是說謊欺騙關鍵人物，以便讓自己有機會犯案。比方說，他們會告訴家人「我去診所」，卻沒有真的來診所，有的學員則會覺得「我只要有努力工作，就可以犯案」，假設認知像這樣越來越扭曲，或是又開始玩網路，也不斷自慰，破壞自己設定的規則，那麼遲早都會再犯案。

此時的因應之道就是找回原本的習慣，然後與關鍵人物或診所的員工商量自己的問題與尋求協助。擔任關鍵人物的妻子與家人可幫忙學員管理行程，或是利用GPS掌握學員的位置，幫助學員找回正常生活。

假設學員開始說謊或欺瞞家人，代表他已經陷入再犯風險極高的狀態，但離實際犯案還有一段距離，因此我們可藉機思考「為什麼再犯風險會增高」這個問題：風險增高的原因主要有三個。

第一個是遇到意外的情況。在治療初期，通常能順利因應可能的風險，但如果遇到有人跳軌自殺，導致通勤電車擠滿了人，或是遇到其他意外，學員很可能因為這樣而陷入恐慌，再犯風險也會一口氣增高。第二個原因是生活作息不正常。「不斷加班→回家後喝酒→長時間瀏覽網路→睡眠不足」，這種不規律的生活會導致壓力不斷累積，而為了紓解這些壓力就會忍不住犯案。第三個原因則是看起來微不足道的決定。其實生活裡的小決定往往是犯案的誘因之一。若從痴漢慣犯的例子來看，他們在趕著上班的時候，會告訴自己「因為得早點到公司，所以只好搭擠滿人的電車」，然後搭平常故意避開的客滿電車。

從這些在潛意識底下釐清做或不做背後所代表的意義之後，再重新思考「如果風險再增高，該如何因應」這個問題。重覆思考這個問題之後，將 RMP 的內容寫得更精準，學員管理風險的能力自然而然就會增強。

接著介紹風險管理之一的「MCC 工作表」【圖五】。我們在這張表格寫了許多痴漢慣犯最明顯的認知扭曲，並以各種角度檢驗這些認知扭曲，然後要學員們在表格寫下回答。舉例來說，有些學員總覺得「穿著清涼的女性很想被騷擾」，這時候我們就會要他們回答第十一題，在表格裡寫下答案。在再犯風險增高時，重新回想或檢視這裡的答案，就能避免再犯風險繼續升高。

在這個階段已亮起黃燈，所以非得在這個階段阻止風險繼續升高不可。

【圖五】MCC工作表

平成　年　月　日
司法支援課程課題

挑戰認知扭曲！
（MCC工作表）

M：驗證自己的想法，並將焦點放在容易觸發犯行的「認知扭曲」上

C：挑戰上述的「認知扭曲」！

①有什麼證據或事實可證明這件事情是正確的？ ⇒
②有哪些事實和證據與上述的想法相反？ ⇒
③相信上述的想法有何好處？ ⇒
④相信上述的想法有何壞處？ ⇒
⑤有這些想法的時候，再犯的風險不會升高嗎？ ⇒
⑥這些想法不會傷害別人嗎？ ⇒
⑦這些想法會讓你覺得舒服還是痛苦？ ⇒
⑧這些想法會不會讓你觸發犯行？ ⇒
⑨如果你覺得自己的認知扭曲，那又是哪些認知扭曲了呢？ ⇒
⑩在同樣的狀況下，別人會怎麼思考與行動呢？ ⇒
⑪如果你發現同伴有一樣的想法，你會提醒他嗎？ ⇒

C：該如何因應與修正驗證「認知扭曲」所得的結果呢？

4急性觸發點與因應之道

當黃色燈號開始閃爍，隨時轉換成紅色燈號也不奇怪的時候，就是進入急性觸發點—學員真的快忍不住再犯的階段。範例裡的「直接觸發犯行的五個條件」告訴我們，進入這階段的學員無法面對「睡眠不足與過勞」、「亂發脾氣與自暴自棄」這類來自內心的變化，一旦開始「在月台物色女性」、「故意挑擠滿人的電車搭乘」、「故意與鍾意的女性類型坐同一個座位」，便會忍不住將魔爪伸向身邊的女性。

最後是「我以為這是最後一次犯行」。「這是最後一次」是成癮症患者的口頭禪，他們很常把「喝完這杯就不再喝」、「賭完這次就不再賭馬」掛在嘴邊。其實就算不是成癮症患者，我們身邊也常看到這類例子，比方說，信誓旦旦地宣稱要減肥，卻對著眼前美味可口的蛋糕說「這是我最後一次吃甜點，明天再開始減肥」，姑且不論這塊蛋糕是否真的是最後的甜點，但「這是最後一次吃甜點」簡直就像是為了「吃到眼前這塊蛋糕」才編出來的咒語，也是一種認知的扭曲。

所以「這次是最後一次」的意思其實是「吃也沒關係」、「性騷擾女性也沒關係」，也是放任自己的一句咒語。假設成癮症患者開始說這類台詞，代表他們內心的渴望已界臨表面張力的階段，稍有動靜，水就會從杯子裡溢出來。

如果不事先規劃好這種情況的因應之道，他們又會開始傷害別人。這個階段的因應之道真的可說是最後的堡壘。

有些人的急性觸發點是從女性髮際飄來的洗髮精香味。據這些人的說法，當這類洗髮精香味竄入鼻腔的瞬間，他們便會渾然忘我，無法阻止自己傷害對方，所以他們每天都「戴著口罩搭電車」因應，要是等到觸發才因應就為時已晚。

有許多學員也像範例所寫的一樣，會在這一欄寫下「會打電話給關鍵人物，說明目前有多危險，請關鍵人物阻止他們」，但有時候不一定真能打電話，所以得預備多個因應之道才行。例如「舔一舔超辣的醬料」、「捏手背」、「用橡皮筋彈手」這類直擊五感的因應之道。照理說，這應該能讓學員清醒過來，壓制內心的渴望，但每個人的個性不同，這方法對有些人有用，對某些人卻沒用，所以得接受各種治療，並在接受治療的過程中，找出有效的因應之道。

說的極端一點，不管使出什麼手段，只要不犯法，又能讓自己守住「不性騷擾女性」的底線就是皆大歡喜。比方說，覺得自己快忍不住犯案時，「故意放聲大喊，讓別人注意到自己」就是方法之一，雖然當場很丟臉，但只要能阻止自己犯案，不製造新的被害者，那就值得採用。

治療中的學員常會陷入「驕傲」與「習以為常」的陷阱

「就算遇到危險的情況，我也能因應了」——這種治療的成功經驗會一步步矯正原本堅不可摧的認知扭曲，學員也會因為成就感而更有自信。對於這些因為自卑而間接迫使他們犯案的學員而言，這是非常寶貴的經驗，認知行為的改變也會讓他們的內心跟著改變。

不過，當他們每天都覺得自己能因應之後，便會開始習以為常，所以我們會要求學員更新每個月的風險管理計畫，要他們自己給自己新課題。

工作表的最後一個問題是「該如何因應與修正驗證『認知扭曲』所得的結果呢？」這是要學員比較前個月與這個月的心得，從中找出哪些部分需要改善，又有哪些重點，之後會請他們根據這部分的內容與我們診所的員工討論，然後每個月更新「理想中的自己」這個目標。

習以為常的態度會導致學員變得「驕傲」，會讓他們透過其他的管道達成撰寫風險管理計畫的目的。本來的目的是不再對女性施暴，不再性騷擾女性，結果卻變成「要把風險管理計畫寫得好聽一點」、「要把風險管理計畫寫到能得到工作人員的稱讚為止」，這種「我還真是寫得冠冕堂皇」、「這樣就寫得很完美了」的想法簡直是本末倒置。回顧自己的過去並不輕鬆，所以寫完風險管理計畫之後，會覺得很有成就感也沒什麼問題，但如果不先清空腦袋，冷靜地問問自己「如果被害女性看到這些內容會有什麼想法」或是「被害女性會接受這些內容嗎？」就無法繼續成長。

課程都很漫長，學員的內心也難免有些變化，更何況每個人參加課程的動機都不同，有些是被家人逼著上課，有些則是一看到我，便激動地說「我真的不想再犯案」。或許大家會覺得，後者應該比較有機會康復吧，但其實接受治療的意願與治療效果幾乎沒什麼相關性，能接受治療多久才是關鍵，因為一開始不太想接受治療，但後來認真上課，與工作人員互動之後，變得更想接受治療的例子很多，所以接受治療的意願並非接受治療的條件。

看著那些每天過著「阻止自己再犯」的生活、一步步矯正內心的學員之後，我發現了一件很重要的事，那就是不管學員自己有沒有意願接受治療，先接受治療才是最重要的，所以日本最該先建立的是強制所有性犯罪者接受治療的系統，而不是處罰他們的系統。

中途放棄治療是危險訊號

雖然「有接受治療的態度不等於有望康復」，但這也是臨床治療遇到的難題，因為有些學員是把接受治療當成免罪符的，他們只是為了讓家人安心才持續接受治療。對這類學員而言，家人是非常重要的，如果有家人的支持，也肯定會對治療加分，所以「想讓家人安心而接受治療」的想法本身是好的。

可是，被他們施暴而身心受創的女性聽到「為了讓家人安心而接受治療」之後，又會怎麼想？被害的經歷往往會波及被害者的家人。由於加害者與被害者之間沒有任何接點，所以學員或許只能不斷想像自己以被害者的角度與想法提醒自己，才能真的為「加害行為負起責任」。

學員的家人也不希望學員把「為了家人」當成藉口，因為這些家人實在無法想像，如果學員再犯的話該怎麼辦……。下一章將介紹加害者家人那錯綜複雜的心情，當事人若一直以這種態度接受治療，恐怕很難與家人修復關係，整個家也很難破鏡重圓。

沒有強制接受治療的制度——這意味著，有些人會中途放棄治療。我們不知道他們放棄治療的理由，但長年以來的臨床經驗讓我們知道，學員容易在什麼時候放棄治療，主要就是「緩刑結束或保護管束期間結束」與「找到工作，重返社會」這兩個時間點。

對於被判三年、五年緩刑的人來說，緩刑期滿是件非常重大的事情，因為一旦在緩刑期間犯案，就會被關入監獄，所以那些被判緩刑的人在接受治療時，自然而然會把緩刑期滿那天視為目標。可惜的是，有許多人在緩刑期滿後就立刻再犯。

再者，因為被逮捕而丟掉工作的人若是找到工作，拿回正職員工的身份，通常會以「工作優先」為藉口，慢慢地減少來診所接受治療的次數，當然也有學員一找到工作就人間蒸發。

不工作就沒飯吃，重新找到工作也沒那麼容易，所以他們以工作為優先也是很正常的事，而且有可能連學員自己也覺得「我已經沒問題了」，但其實這時候的再犯風險異常地高，有注意到這點的學員會在風險管理計畫的「警訊」欄位寫下「以工作優先，就不來診所就診」的內容。痴漢通常是認真工作的人，在被逮捕之前，通常是一邊將重心放在工作上，一邊犯案，所以這些學員必須先想好因應之道，免得重蹈覆轍。

還有很多再犯風險增高的時間點，例如確定離婚，被迫辭掉找到的新工作，以這些事情為藉口不來診所接受治療的人可說是屢見不鮮。等他們消失一年多，警察來診所問他們的事情時，我們才知道他又被逮捕了……這種情況我們真的看過很多次。

生活總是充滿各種意外，但不管發生什麼事，都必須持續接受治療。若是不來診所接受治療，就會忍不住犯案的話，那就絕對不能中斷治療，我也很希望政府機關能立法禁止加害者中途放棄治療。

康復之後，認知不再扭曲的變化

就現況而言，來本診所接受治療超過三年以上的學員沒有半個再犯。前面也提過，性成癮症沒有所謂的「完全康復」，只能先改變行動，成為「不再犯案的自己」，然後一天過著一天，不斷保持這個狀態，認知才會真的改變。這過程需要好幾年。我們的治療以三年為基準，最長的有超過八年以上，持續接受防止再犯的療程。

我認為，只要願意接受治療，費用就不該是絆住他們的障礙。有許多學員都是失業中，所以為了讓他們能持續接受治療，在正式接受治療之前，我們都會讓學員先接受醫師診療，才能以保險支付治療費用。【圖一】介紹的日間夜間課程就可利用保險支付，所以自負額大概是一天三千元而已，【圖二】的夜間課程也只有二千元。

有些人質疑「為什麼要將公家的錢投注在犯罪者的治療上」，但請大家回想一下本章的開頭，其中提到光是開庭以及其他刑事訴訟的手續就要花掉約一千萬的稅金，每個受刑人在服刑期間，每年都要花掉三百萬的稅金，而且他們每次再犯，政府都得付出這麼一筆大數目的稅金，如果他們在未經任何教育、學會任何防止自己再犯的技巧下就被放回社會，很可能會再對女性施暴。第5章也已經提過，在各類型性犯罪者之中，痴漢的再犯率極高，前科也通常不只一次。只要他們再犯，花費的稅金，像是丟進水溝一樣，光是處罰他們的費用就會越堆越高。

難道不能把治療他們的費用當成阻止他們再犯的必須成本嗎？

他們花時間、花錢接受再犯防止療程。成癮症沒有所謂的「完全康復」，所以才要持續接受治療，慢慢地讓他們的內心產生變化，換言之，就是讓他們找回自己的「生存方式」。聽起來或許很抽象，但之前的他們可是把所有的一切賭在痴漢這種加害行為上，藉此獲得生存意義，而當他們像是換了個靈魂，完全變成另一個人的時候，就是我們認為的「康復」。

也有每個月寫風險管理計畫，寫了三年之後出現變化的人；有些人則是能在參加小組會議時，發現小組成員的認知扭曲。

或許大家會覺得，直接告訴這些學員「你的認知很扭曲」或許比較簡單，但是硬要他們接受，他們也是會反彈的，因為這些扭曲的認知一直是他們心中的價值觀，一旦有人當著面對他們說「這個價值觀不對」，他們很難就此承認自己有這個問題。

客觀地聽別人的發言，然後覺得「咦，不是這樣吧」，接著懷疑自己「該不會我也有同樣的想法吧」，我們再藉機問所有的小組成員「大家覺得剛剛的發言怎麼樣？」並且不斷重覆這個流程。照常理來說，他們是不願矯正扭曲認知的，所以若只重覆一、兩次上述的流程，沒多久他們又會故態復萌，只有在不斷重覆上述的流程，他們那堅不可摧的認知扭曲才會開始出現破綻，他們也才能一步步康復。

一旦認知被矯正，他們便能指出夥伴的認知扭曲，他們可是比誰都了解正面否定認知的扭曲，絕對會無功而返的人。「我也曾有相同的想法」、「我在這個情況下察覺認知的扭曲」、「我是用這個方法矯正認知扭曲」，當他們能根據這些經驗給予別人回饋，就是成長的一大步。

一旦開始康復，他們會變得謙虛。許多痴漢都不善於與人相處，久而久之，便演變成所謂的暴力行為。不擅長交際，不懂得尊重他人的特質，會讓他們把弱者當成發洩壓力的出口，最終便轉化成征服對方、宰制對方的痴漢行為，一旦他們不再需要侵犯他人的身心，就能與他人正常相處時，我們就能感受到他們內心的變化。

人在改變的過程中通常伴隨著極大的痛苦，或許對他們來說，康復很像是成長過程體驗到的痛苦。不管是在個人面談還是小組會議的場合上，我們都將他們視為「犯了無可挽回的罪」的人，而且以很嚴厲的方式對待他們，但我們不否定這些人的人格，也尊重他們在改變過程之中感受到的痛苦，而且不管要花多少年，我們都願意陪伴他們，直到他們真的改變為止。

第7章

不離婚的妻子與不斷責備的母親——給加害者家族的支援

痴漢被逮捕後，妻子、母親、父親全成了加害者家屬

痴漢與其他性犯罪者當然也有家人。有些人會覺得，既然有同住的家人，難道不能對犯行防患於未然嗎？

但大部分的人不會有「老公該不會每天在電車當痴漢吧？」「兒子某天一定會犯下強姦案」的想法。性是極為私密的事，很難對家人提及自己的性癖好，會演變成犯罪行為的性偏差行為更是如此。

所以當家人聽到老公或兒子被逮捕，那真的有如晴天霹靂。「我老公怎麼可能做這種事……」「你說我兒子因為痴漢行為被捕？一定是哪裡弄錯了」，痴漢的家屬突然被推入混亂與絕望的深淵，也成為人人口中的加害者家屬。

一如前述，日本有種要求加害者家屬向社會賠罪的風氣，如果是加害者的妻子，社會大眾就會說「都是加害者的妻子對老公的照顧不周」「都是加害者的妻子無法在性方面滿足老公」，如果是加害者的父母親，則會被叱責「一定是家庭

教育出了問題」，但前面也已經提過，夫妻生活是否健全與滿足，與加害者的性偏離行為毫無相關性可言，而且成長過程與痴漢行為也沒有任何連結。性偏差行為並非來自父母親的教育，而是男性從社會生活自行學到的。當性犯罪的動機在加害者心中萌芽後，加害者慢慢地讓動機茁壯，最後對女性施加性暴力，而這一切的過程當然與家屬一點關係也沒有。

更何況名義上是家人，妻子與丈夫、父母親與兒子，本來就是人格各自獨立的個人，但日本社會總是傾向將加害者與其家屬混為一談，甚至有人會對這些家屬說「你們身上流著犯罪者的血液」。如此一來，便會發生犯罪的加害者在監獄裡受到保護，仍在社會之中的家人卻被排除在保護對象之外，被迫接受「負面印象的烙印」的扭曲現象。

這類負面的烙印特別容易出現在性犯罪的加害者家屬身上。儘管在日本國內聲援加害者家屬的團體不多，但我聽過這些團體一知道加害者犯的是「性犯罪」便翻白眼的事情。有些對於自家人性事難以啟齒的家屬也會自己躲得遠遠的。

加害者家屬並不是該被譴責的對象，而是需要支持的人。歐美國家他們稱為「Hidden Victim」（隱性受害者），很少會要求他們為家人的犯行負起責任。

因此本診所在二〇〇八年創立了「加害者家屬支援團體」，簡稱為「SFG（Sexual addiction Family Group-meeting）」，這是為了性犯罪問題量身打造的計畫，也是日本首見的家屬支援團體。這個團體分成妻之會、母之會、父之會（妻の会・母親の会・父親の会），三者都以獨立運作的方式經營，藉此支援加害者家屬，因為他們同時是**被社會大眾忽略的被害者**。

「不犯案的時候是好老公」，為此不願離婚的妻子

參加「妻之會」的女性都是不願與痴漢加害者離婚，勉力維持婚姻關係的人。假設老公的事件鬧上新聞版面，這些女性有可能為了不讓孩子捲入風波而離婚，藉此拿掉原本的夫姓，不過立刻離婚的例子並不多。

尤其以來本診所接受治療的男性為例，他們的老婆通常會提出「要想維持婚姻就接受治療」或「要想與孩子一起住就接受治療」這類要求，離婚率其實不高。當妻子在四處詢問與調查，得知「痴漢是可以治療的」之後，便將最後一縷的希望託付給診所，當事人也為了能與家人繼續生活而積極來院接受治療。

妻子願意做到這個地步是有理由的。其實這些加害者在家屬眼中，都是好老公、好父親，來參加「妻之會」的妻子總是會被「只要他不犯案，就是好老公啊」這句話掛在嘴邊，加害者是工作勤奮的人，在假日也願意撥出時間陪伴家人，也會照顧孩子，更會幫忙家事，在沒人知道他沉溺於痴漢行為之前，他在眾人眼中就是一個愛家的好老公。這是成癮症的通病，我也不知道從這些老婆口中聽到多少次「只要不喝酒就是好老公」、「只要不賭博就是好丈夫」這些話，所以這些老婆才不願離婚，希望維護家庭的圓滿。

如果孩子還小，妻子通常不會跟孩子說爸爸犯了什麼罪，一來是因為只要沒有入獄服刑，孩子也不會知道發生了什麼事，拘留最多也只有二十三天，所以只要跟孩子說「爸爸為了工作出了一趟遠門」，通常都能矇混過關，已明白事理的孩子在知道實情後，想見爸爸一面的例子其實也不罕見。

也有小時候不懂爸爸犯了什麼錯，長大了解一切後，仍尊敬爸爸的小孩，其中不乏在調查爸爸犯的錯，了解性成癮症的背景之後，勸爸爸接受治療的女兒。

雖然老公因為痴漢行為被逮捕的通知，真的有如平地一聲雷落在頭上，但有時老公會主張「一切都是冤枉的」、「我怎麼可能做出那種事，但不承認就會一直被拘留，也會被公司發現，所以我只好認罪以及與對方和解」。通常妻子都會相信這套說詞，因為一直以來，夫妻都彼此信任，另一方面，妻子這邊也不想承認自己的老公是痴漢。

不過前面也提過，成為慣犯的加害者不會因為付了和解金就收手，等到又被逮捕，又以同樣一套說詞面對妻子時，妻子當然也越來越不相信老公，等到因為累犯而被起訴，妻子這邊也不得不承認事實，老公之前所有的辯解都是謊言。

從這時候開始，不管是直接或間接的，開始有人要求妻子負起責任，妻子也會開始自責，甚至會問自己「為什麼與這樣的人成為伴侶」。

於此同時，這些妻子也會強烈否定老公對被害者施暴的事實，或是對老公的所做所為感到憤怒，夾在老公與被害者女性之間。一來她們覺得對不起被害者，二來，身為女性的她們也忍不住對老公生氣，這就是加諸在加害者家屬身上的「雙重束縛」（Double bind）：同時接收兩個矛盾的指令，卻無法指出兩者的矛盾，也無法予以回應的狀態。得知老公在陌生的地方犯案之後，妻子是非常煎熬的，而且沒辦法與別人訴苦，被迫一個人面對這些痛苦。

不管過了幾年，妻子都忘不了老公被逮捕的那天

若問妻子的心理變化，最初妻子會否認「怎麼可能會有這種事」，所以聽到老公說「我是被人冤枉」時，當然會信以為真，等到不得不承認事實之後，她們

的內心便陷入混亂，有些人甚至因為這樣而出現憂鬱症、失眠、食慾不振這類身心失調的問題，也很怕別人知道老公的事而無法繼續工作，生活也出現問題，例如交友圈縮小或是不敢外出。就我所知，有些人甚至會濫用藥物或是割腕自殘。小孩的事、老公失業的事，現實中，有堆積如山的問題亟待解決，而且還不知道該與誰商量，慢慢地就被逼入絕境。將這種狀況形容成「人間煉獄」也不為過。

在事件爆發之前，夫妻感情越好，心中的這股失落也越大，會有跌入谷底的絕望感，偏偏這時候還得站上法庭當情況證人，身心完全跟不上這種與精神層面徹底脫節的現實。律師會拜託加害者的妻子出庭作證，以示「今後會負起責任，好好監視與監督老公」，但這對加害者家屬是非常沉重的負擔。

等到這段混亂的時期結束，接踵而來的是憤怒。有些人會把怒氣發洩出來，有些不會，但我們認為把怒氣發洩出來才是健全的反應，因為這是康復的徵兆。參加診所的妻之會之後，恢復冷靜並仔細評估未來，才開始怒從中來的女性並不少見。憤怒是需要能量的，如果一邊陷入混亂，一邊生氣，恐怕會少活好幾年。

到底是對誰發怒？簡單來說，是對老公。妻子原本的心情是「為什麼我會遇到這種事情」，也不時地責備自己，但是當她發現，造成這種情況的不是她，而是在他處引起事端的老公時，妻子便會生氣，氣老公為什麼把整個家弄得一團糟，氣老公為什麼踐踏女性的尊嚴。該如何面對這股怒氣向來是妻之會的一大主題，而承受怒氣的老公該如何自處，則是治療性成癮症的重要課題之一。

加害者的妻子每天都很不安，而且是從早到晚，因為再也沒有辦法回到老公被逮捕之前的生活。

今天晚上，老公比平常回來得晚。明明說好會晚回家，就一定會先打電話聯絡的。要是發生什麼事的話，希望他早點告訴我。胸口的那股不安快把我壓得窒息了……。啊，電話在響，該不會是警察打來的吧？他該不會又……。

這就是從日常瑣事聯想到事件的每一天，時間從老公被逮捕的那天起就停止不動了。不管過了幾年，只要電視新聞一報導性犯罪事件，瞬間那股不安就湧上心頭，腦袋也陷入混亂，坐立難安之餘，又忍不住開始想：「老公該不會又犯案吧」。只要玄關的門鈴一響，就會驚恐地以為「該不會警察來家裡搜索吧」。

所以一看到老公回家就會破口大罵。就算罵得沒錯，但老公恐怕是一頭霧水，而看到老公這副樣子，妻子會更火大「難不成你已經忘了做過什麼事？」明明事件發生之後的那段日子那麼煎熬，老公居然一副像是沒發生過的模樣，妻子當然是又氣又怒。老公失業後，妻子得去打工分擔家計。由於付不起學費，所以小孩也不能繼續升學，只能去打工。常被鄰居指指點點，原本交好的朋友也漸漸疏遠。明明這些事情就夠讓人生氣，但老公的不以為意簡直是火上加油，最終只好大吵一架……這些事情很常在療程或妻之會成為話題。

老公似乎覺得「到現在還要翻舊帳嗎？」明明我都為了避免再犯而到診所接受治療，收入雖然被逮捕之前少，但還是硬著頭皮去上班，「為什麼還要讓那件事責備我」？這其實也是一種「忘記加害行為」的現象，不過，就算當事人記不清楚事件的始末，家屬可絕對忘不了，兩邊對於事件的態度的確有落差。

我們在與加害者聊天時，有時會以「球」作為比喻。輕輕地將球丟向牆壁，球會緩緩地彈回來，如果用力丟球，球則會猛然彈回。你就是用這麼強的力道把球丟在妻子的身上，所以彈回來的球才會這麼猛烈。我與工作人員都會希望加害者透過這個比喻了解妻子的心情，以及思考該怎麼面對妻子的怒氣。

與痴漢老公的夫妻生活會有什麼變化？

又氣又怒的時期結束後，妻子便會開始將自己的問題與老公的問題分開來處理，也會覺得「自己的人生該由自己掌控」。剛開始參加家屬聚會的家屬似乎都是「為了老公」、「為了兒子」才參加，但慢慢地，心態就會改變，變成「是為了自己參加聚會」。雖然老公的事件猶如飛來橫禍，但自己該怎麼解讀這個事件，接受這個事件之後，今後的人生又該怎麼度過？一邊思考，一邊接受事件、解釋事件，慢慢地才能邁開腳步向前走。

有些女性會在這個階段選擇離婚，我們也覺得這樣的選擇代表這位女性已經「康復到能主動選擇離婚的程度」。雖然一個人生活不容易，但我們尊重這些女性在經過康復之後所做的決定。

也有不離婚，卻將自己與老公的人生切割開來，夫妻感情反而慢慢好轉的例子。在夫妻分別來診所接受治療的時候，他們的交流次數明顯變多。有些學員曾在風險管理計畫的表格提到「之前雖然家庭圓滿，但溝通不足」的事情，而為了因應這個問題，也刻意騰出時間，讓夫妻之間有更多交流。

不過，妻子似乎不願意再與老公有任何性生活。不少妻子看到對女性施加性暴力的老公就覺得噁心，但在日本夫妻有五成為無性生活的現代，沒有性生活也不一定就無法維持夫妻關係，更多的是在事件發生之前就已經是無性夫妻的例子。

就支援隱性被害者這點而言，妻之會是非常重要的團體，能有效阻止加害者再犯。「犯罪白皮書二〇一五年版」曾對犯行之際的婚姻狀況調查再犯率，發現未婚的加害者比已婚或喪偶的更容易再犯【圖一】。

【圖一】獲判緩刑者犯案時的婚姻狀況與再犯率

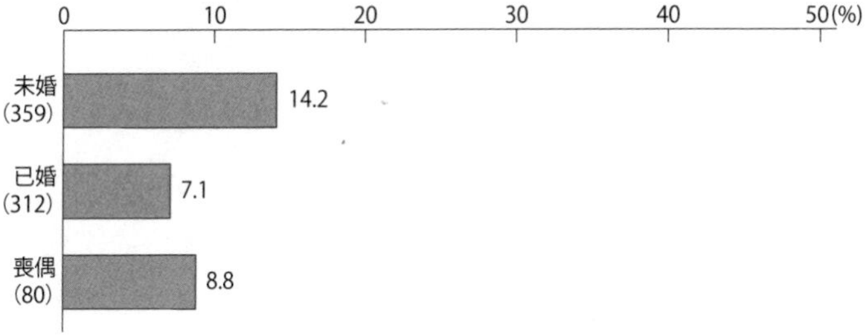

之前也曾介紹過被社會孤立會讓再犯率大幅提升這件事。雖然向他們伸出援手的不一定非得是妻子、父母親這些家屬，也不一定非得有血緣關係，但在家屬的陪伴下一步步康復，的確能讓加害者再犯的機率大幅下降。

其實從我們推行了十二年的課程來看，也知道有家人陪伴的學員比較能持續接受治療。話說回來，有家人的加害者也比較有機會來我們這種治療機構接受治療，因為家人更希望幫助加害者戒掉犯行，所以會主動與我們聯絡。

因此我們也非常重視家屬的康復。

「你是怎麼教兒子的！」——被如此責問的母親

加害者被要求對犯行負起責任時，母親也不好過，因為不管是錯是對，現在的日本社會主要是由女性負責教育小孩，因此，只要兒子犯了罪，母親通常都會自責「難道是我教得不好」？也會被社會大眾責備，甚至有時候還會被自己的丈夫，也就是兒子的父親責備。就算責備的話沒說出口，但有些父親會以眼神或態度把母親逼得無路可走，他們會把自己沒好好面對小孩的責任先放在一旁，然後對負責養育小孩的母親說「都是妳教導無方」，雖然這明顯是逃避責任，這句話卻深深刺入孩子的母親心裡。

如果是妻子，還能選擇與加害者離婚，但父母親沒辦法與身為加害者的小孩斷絕關係。也有參加母之會的母親一開始就宣佈「我要跟那種兒子斷絕關係」，但在她心中，那可是從小含辛茹苦帶大的孩子，哪有那麼容易說斷絕就斷絕，更何況親子之間的緣份是斷不開的，但身為女性的她也很氣自己的兒子對被害者做了那麼殘酷的事，也覺得很對不起被害女性，因此母親也被夾在兒子與被害者之間，與加害者的妻子一樣，出現了「雙重束縛」的現象。

有時候我們會請參加母之會的成員聊聊「育兒」這個主題。聊著自己帶小孩的過程，或是聽到別的母親帶小孩的經歷，聽著聽著，就會發現自己也曾經以自己的方法拉拔小孩長大，尤其會想到生第一個小孩的時候，那種什麼都不知道卻拚命摸索，面對孩子的成長，成員也很認同這樣的經歷。

長此以往，這些母親就能把自己的問題與小孩犯的錯分開來思考。我們稱這種現象為「從育兒的自我責任論解放」。如果沒辦法將自己的問題與小孩的問題分開來，母親就無法振作，所以母之會成員的支持將是非常大的助力。

老實說，我覺得這些為家屬設計的團體有很大的意義。加害者的認知很扭曲，一時間很難矯正，有時看似康復，有時又陷入膠著，甚至有人故態復萌……但家人也會隨著時間產生變化。

第一次來到診所時，大部分的家屬都已陷入谷底，說不出半句話。就算有話可說，通常都是淚流滿面，而且語帶嗚咽，一身狼狽與素顏的她們，只能一副精疲力盡的模樣坐在會議室的角落。對於陷入深度壓抑的人來說，光是來到診所就已經耗盡全力。在經過一、兩年的調整後，才能宛如重生，活得精神奕奕。

對加害者家屬而言，家屬支援團體是唯一的庇護所，在這裡，他們可以跟別人說出原本無法吐露的心聲，而且在座都是有相同經歷的人，沒有人會因此責怪他們。在這裡訴苦與被接納，然後在這裡進一步了解自己、老公與兒子，慢慢地從這些過程中站起來。本診所也有持續來七、八年的「資深家屬」。問他們為什麼來這麼多年，他們告訴我，「為了不忘記事件」、「為了不忘記初衷」。雖然加害者早就忘記加害過程，加害者家屬也因為找回原有的生活而漸漸淡忘，但他們為了記住當年的事件，而選擇持續來院治療。

對於剛來院接受治療的人而言，這些「前輩」的態度也是一種加分，能讓他們覺得自己也有機會像這些前輩一樣康復，我也從這些證明「人是可以改變的」家屬身上獲得滿滿的勇氣。

不知該何去何從的父親

家屬康復的關鍵在父親手上。雖然不是每個父親都這樣，但前面提過，很多父親都不參與育兒這件事，撥給兒子的時間也少之又少。這些父親總是會以「一直以來，我都負責賺錢養家啊」當擋箭牌，打算對兒子的犯行視而不見，這也是為什麼他們會對自己的老婆說「都是妳教導無方」的原因，這話聽起來就像是在說別人家的事一樣，但其實就是在逃避現實與否認事實。

此外，就算是企圖了解兒子的父親，也常常會因為「都是男性」而說出許多認知扭曲的話，例如：

「我知道性衝動難受，但也不能這樣發洩啊」
「就是工作不夠認真才有力氣去做這些事」
「與其性騷擾別人，幹嘛不去找妓女呢？」

不然就說「你就是不夠振作」這種阿Q式的精神論，給兒子建議，這只會讓妻子冷眼相對，連犯案的兒子都會皺著眉頭說「跟父親根本講不通」。

其實我們也不清楚父親到底怎麼看待兒子的犯行。除了身為父親的日本男性，大部分的日本男性都很不擅長說出自己的情緒，也很不習慣示弱，所以才會想客觀地、冷靜地分析兒子為什麼會犯罪。他們會讀很多書，想要了解兒子犯罪的原因，但從剛剛他們的質問就可以知道，他們似乎搞錯方向了。

這些父親不會像母親一樣，被別人指責教導無方，所以他們就算參加了父之會，也不知道該做什麼，更不知道該如何理解問題，有的甚至不知道問題在哪裡，整個人就像是迷路的小孩一樣，於是漸漸地就不再參加父之會，有的父親還會阻止自己的兒子與妻子來診所。所以我們都會在父之會提出目標與方向，而這些目標與方向都是於母之會聽取意見而擬定的。我們會問這些母親「覺得痛苦的時候，希望老公幫妳做什麼？」大多數的回答都是「希望能在背後支持我」。

身為母親的她們，不會希望老公現在才面對兒子，兒子當然也不希望自己的父親這麼做，但出庭作證或是其他負擔較為沉重的時候，還是會希望老公跟在身邊，會希望痛苦的時候，老公能抱一抱她，安慰她一下。這不純粹是身體上的擁抱，更是精神上的支持。換言之，這些母親並不希望自己的老公一手包辦任何事，只是希望他們能站在父親的立場，一起思考兒子的問題。

有明確的目標就會採取行動，這算是男性的特徵吧。只要設定了明確的目標，就會產生明顯的變化。例如，持續參加父之會的期間會拉長，我們也從這些持續參加的父親身上，感受到他們正努力思考自己能做的事情。

重新認識重要的人，會讓人產生改變

話說回來，很少父親會參加精神疾病的治療，例如憂鬱、精神分裂、自閉、厭食以及各種成癮症，雖然有不少為了家屬設計的團體，但都以女性為對象。

父親參與治療可讓加害者更有機會康復已得到實證，在治療成癮症的世界裡，也是眾所周知的事實。父親的變化是防止兒子再犯的重要轉機。

長期觀察家屬支援團體之後，我總是不由自主地思考「家屬該扮演什麼角色」。要阻止習慣傷害別人的人再犯，家屬又該如何扮演這麼吃重的角色。

我曾經問過兒子死於交通意外，現在為了聲援被害者而四處演講的男性「你現在希望加害者怎麼跟你謝罪？」結果他回到「謝罪就免了，如果他現在也有很疼惜的人，應該已經知道他從別人手中奪走了多麼重要的東西」。

這是比「寬恕」境界更高的心理狀態。要走到這一步，身邊絕對少不了重要的人。看似朝夕相處，卻未曾認真面對自己家人的家屬，或許也該趁此機會，成為對方重要的人。

第8章

「STOP！痴漢」有可能嗎？

——擺脫痴漢大國的惡名

透過社會制度解決女性「難以通報」的問題

到目前為止，我們已介紹了哪些男性可能會犯下痴漢行為，以及該如何阻止再犯。本診所根據這十二年來（2005-2017）累積的臨床資料與知識，每天面對這些學員。在沒有任何法源可強制加害者接受治療的現在，我們能做的實在有限。

覺得自己有必要接受治療而來到診所的痴漢其實只有少部分，但更糟的是，只有極少數的痴漢被逮捕，他們也異口同聲地說「不被逮捕無法停止犯案」的。「撲滅痴漢」是我們最終的目標，而且是唯一的目標，這是非常遠大的目標對吧，我從不覺得痴漢行為在日本歸零是件不可能的任務，但必須整體社會都有「性暴力是一次都不容寬恕的犯罪」這個認知。

大部分遇害的女性都選擇不通報的現況對痴漢是有利的，所以這些痴漢會反過來利用這點，選擇看起來溫順與會把眼淚吞進肚子的女性下手。

女性也不是「不想通報」，但就是「不容易通報」與「不能通報」，光是向站務員舉報，在警察局接受調查，這一連串的流程就得耗掉不少寶貴的時間。搭乘電車意味著遇害女性正準備前往某處，一旦報案，就得取消接下來的所有行程，而且接受調查通常就是被重覆問一樣的內容，但有些內容幾乎與性騷擾無異，其實很早以前就曾有人指出目前的制度必須改善，否則被害者得耗費大把時間與精力，才能逮捕嫌犯，卻沒有人真的在意這件事。

此外，性暴力與其他的暴力行為向來是強者對弱者的霸凌，人是無法對體力、地位高於自己的人施暴的，女性要反擊體格比自己壯碩的痴漢，是需要極大勇氣的，更何況過去也曾出現過在車廂高聲求救的女性一下電車，就被痴漢撞倒在地的案例。有一半以上的痴漢慣犯都利用這種方式爭取逃跑的時間，而這種方式也幾乎成了痴漢共同分享的犯案流程教學，想必女性也會因此受傷對吧。明明要以通報的方式反擊比自己強勢的人，卻得冒更大的風險，這實在不合理，而且就算當下沒發生什麼事，也得擔心日後會不會被痴漢報復。

明知會有這些風險，卻仍願意鼓起勇氣通報的女性是值得尊敬的，但這不代表不敢通報的女性有什麼問題，因為痴漢非常了解女性「不容易通報」、「無法通報」的心理，而他們就是把這種心理曲解成「女性不通報，應該是想繼續被摸才對」，一步步強化自己認知的扭曲。

對痴漢置若罔聞，害怕自己被冤枉的男性

該如何提升痴漢的逮捕率呢？在思考這點的同時，必須先排除將希望放在「女性的勇氣與努力」這個方式。我們應該盡可能減輕被害女性的負擔，讓她們擁有更容易通報的管道。換言之，得設計不需要直接面對加害者的通報制度。

比方說，我們要下公車的時候，不是都會先按鈴嗎？所以電車若能另外安裝「痴漢通報鈴」應該不錯，因為旁邊的人就能幫助被害女性，也能告訴站務員乘車位置，讓站務員在下一站的月台等待。只要鐵路公司或警察願意，這系統絕對

能夠成立。或許大家會覺得公共交通工具有這種按鈕很不尋常，但是對每天這麼多起性犯罪視而不見才不尋常吧。

此外，也要另外建立一項機制，讓不小心報錯案的女性不至於受罰。舉報痴漢的女性總有「如果搞錯了，該怎麼辦？」「該不會是我的錯覺吧」。

這些想法的背後其實有著「有許多男性因為被冤枉為痴漢而身敗名裂」的社會壓力。這彷彿是要求女性要更慎重地報案，否則將對男性的人生造成莫大的影響，但自己正在被騷擾，卻得因為這種壓力而無法阻止對方犯案，也無法舉報對方，只能忍氣吞聲的例子其實非常多，所以從這點來看，不得不讓人覺得整個社會看待痴漢問題或性暴力問題的角度根本就錯了。

大家似乎都很害怕男性「被誣陷」。每當痴漢事件被報導，就有一定有人站出來高喊痴漢誣陷的問題，明明痴漢行為與痴漢誣陷是兩碼子事，放在同一個天秤上相提並論，真的是太不可思議了，為此，我也經常陷入沉思。

痴漢誣陷是非常嚴重的問題，男性要為自己的清白舉證也非常困難，也得花非常多的時間打官司，當然，也得花很多錢。就算自己是無辜的，旁邊的人也會投以「其實有做吧」的眼光，對工作與家庭也會造成影響，整個過程是非常痛苦的。「痴漢誣陷」之所以那麼可怕，在於被誣陷的人會被毀掉整個人生。

二〇〇七年上映的《鹹豬手事件簿》也造成不小的影響。這是一部根據真人真事改編的電影，主要的內容是某位被誣陷為痴漢的男性拒絕警察建議的和解，堅持自己是清白的，即使被起訴、被判有罪，仍為了證明清白而奮鬥。這部電影獲得不少獎項，連沒看過電影的人都聽過這部電影的名稱。姑且不論影評的好壞，但我覺得讓大眾以為也有這種誣陷的情節有點困擾。

有些男性為了避免被誣陷，「會在坐電車的時候用雙手抓著吊環」或是「用雙手抱著公事包」。擠滿人的電車是異於日常的空間，會不小心侵犯他人的身體領域是常有的事，「因為這樣而被誤會成痴漢哪受得了！」我也不是不明白這些男性的心情。

不過我曾看過某間律師事務所的官網發表了男性被誣陷為痴漢時，該如何對應的漫畫。「一被舉報，去了警局，人生就完蛋了」這種說法已傳遍大街小巷，看了就算撞倒女性或是沿著鐵路也要逃跑的這類內容，我真的覺得有點走火入魔，而且諷刺的是，這反而讓實際犯案的痴漢知道該怎麼逃亡。

二〇一七年上半年，被懷疑是痴漢的男性沿著鐵路逃亡的事件層出不窮。在此不討論這些男性是否真的犯案，但有許多人認為「這麼拼命也要逃，應該沒犯案吧」、「就算沒犯案，只要被逮捕，百分之百會被判有罪，所以才不惜做到這個地步也要逃吧」，我覺得這種發言非常危險，恐怕會有更多痴漢反過來利用這種言論吧。

男性對於痴漢案件缺乏想像力

「痴漢行為」與「痴漢誣陷」的問題出在不同的地方，每當談論痴漢行為，總有人會提到「也有人是被冤枉」的吧，但這根本已經偏離主題。拿女性也會誣陷別人為痴漢或男性也有可能是被害者，別一聽到痴漢就高潮這兩件事與「痴漢行為」相提並論，根本一點道理也沒有。當然，痴漢行為是種犯罪，所以會有誣陷的可能性，但把痴漢行為與誣陷別人為痴漢放在一起討論，就像是明明桌上放的是撲克牌，一抽卻抽出花牌一樣的情況。

主張痴漢誣陷的可能性，忽略每天在檯面下發生的痴漢事件實在太過愚昧。我不知道被誣陷為痴漢的案例有幾樁，但現在並沒有對誣陷案件展開正式的調查。有些人會主張「是因為警察得因此承認自己的錯誤，所以不願調查」，但既然都已經成為社會問題，難不成不能透過群眾的壓力，要求警察展開調查嗎？我唯一可說的是，誣陷的問題肯定比痴漢事件壓倒性的少。雖然不是少數就能忽略，但在還不知真實情況下就議論紛紛，實在沒什麼建設性可言。

應該沒有人會對主張「不能殺人對吧」的人說「但殺人也有冤枉的可能性」對吧，也沒有人會對「搶劫是重罪」主張「搶劫也有冤枉的可能性」。那麼為什麼會有人對「要撲滅痴漢」這件事主張「也有人會被誣陷為痴漢」呢？這個疑問可套用在所有性犯罪上，不管是強姦案件還是強制猥褻事件，也都可以懷疑成仙人跳或美人計。

我想，之所以會有人主張誣陷的可能性，理由之一是因為「被害者因為性犯罪失去的東西並不具體」。搶劫的被害人會損失金錢或是其他財產，謀殺事件的被害人則會失去無法挽回的性命，強姦傷害的話，被害者的外傷雖然很明顯，我們卻看不到被害女性的內心被蹂躪得有多慘。

本書的主旨在於闡明加害者的真面目，所以很少提到被害者的實際情況，不過性暴力常被認為是一種「殘害靈魂」的犯罪，是一種踐踏被害者尊嚴的罪行，這種犯罪誘發的創傷後壓力症候群（PSTD）持續影響被害者數十年的例子也不少見，甚至有人因此被迫放棄夢想，再也找不回遇害之前的人生。

但大部分的男性應該都很難想像這些事吧，尤其很多女性看起來一點事也沒有、一點損失也沒有，但我們卻很容易想像男性被誣陷之後，人生會被如何摧毀，所以才會把這個問題看得更重要。

這就是為什麼有些人不談論痴漢問題，只追究男性也有可能被誣陷為痴漢的理由，但不管是面對什麼問題，只要缺乏想像力，就等於停止思考，男性也該一同撲滅痴漢的談論也將無法進行下去。

接下來是男性會覺得刺耳的內容。第二章提過「所有的男性都有潛在的加害者個性」，這是我根據十年以上的臨床經驗，實際面對痴漢、強姦、強制猥褻這些性犯罪加害者之後的感受，因此我也覺得，大部分的男性都有「想要嘗試痴漢行為的慾望」。

與其說是「想要嘗試痴漢行為」，不如說是只要情況允許，「就想觸摸女性的身體」。第七章曾提到，父親對加害者的兒子說「我知道性衝動難受，但也不能這樣發洩啊」，這種說法純粹是把性慾當將痴漢行為的動機，是充滿誤解的發言，但「因為壓抑不了性衝動才變成痴漢」的說法的確已經成為社會通論。只要曾經在電車內看到喜歡的女性類型，就有「好正啊」、「好想摸一把」的想法，其實就有可能發展成痴漢行為，也會發現自己也有「我該不會也犯案吧」的犯罪慾望。男性當然覺得這樣很恐怖，這也是為什麼男性一直不願正視痴漢問題的主因之一。

為了勒索金錢而構陷他人的想法

到目前為止，我們提到了一些「明明沒騷擾別人，卻被當成痴漢」的內容，但似乎有不少男性覺得「有些想勒索金錢的女性，假裝自己是被害者而誣陷他人」。

我不敢說這種案例一件也沒有，但只要男性一直否認，女性可是一毛錢也拿不到，而且還要花時間、勞力接受調查，結果可能完全不如預期。一旦男性願意站上法庭，為了自己的清白而戰，女性可是半點「好處」也得不到，所以若從「騙錢」的角度來看，恐怕是一點都不划算。

我不能說這類事件從來沒發生過，但這應該當成事件調查，而不是拿著這類事情當藉口，利用「女人也很惡劣」這個標籤忽略痴漢事件的嚴重性。會有這種想法的人，到底是基於什麼心態呢？

恐怕是「男性瞧不起女性，所以不管做了什麼，男性都該被原諒」的心態吧。與其說這是每個男性的想法，不如說這是男性社會代代相傳、不用特別學習，所有人也會互相渲染的價值觀。除了男性之外，有些女性也被這種價值觀洗腦。前面也已經提過「不管做什麼都可以得到原諒」的想法最終將演變成性暴力。

男性之所以害怕被冤枉，或許有一部分是害怕自己被自己瞧不起的人以「欺騙」的方式反擊吧。

長年以來，我也處理過不少家暴的問題，近年來，也有不少人將注意力放在女性家暴男性的問題上，但就數量而言，男性施暴的案例還是壓倒性的多。為什麼男性會對妻子施暴呢？歸根究柢，就是因為害怕，害怕自己的立場被威脅，所以為了彰顯自己的男性尊嚴而毆打妻子。對男性而言，家暴是種「自我防衛」，他們覺得，如果承認自己是個沒用的人，那麼自尊將蕩然無存，所以只好對女性施暴、宰制女性，藉此維護自尊心與優越感。

乍看之下，家暴加害者的男性極為普通，但在更生課程見到他們之後，才知道其實他們極為膽小，他們總是畏畏縮縮地面對其他學員，連眼神的交流都不敢，心底似乎裝滿了對人的不信任與恐懼，一旦地位低於自己的女性不順自己的意，不對，有時候就算女性什麼都沒做，這些男性還是會為了突顯自己的存在感與男性尊嚴而對女性動手，為的只是平撫自己的內心。

這點也能套用在那些對於「想騙取和解金而構陷男性為痴漢」過度反應的人身上。大部分的男性都無法容忍被那些他們以為不會反擊的人欺騙，因為這麼一來，就必須承認自己很不擅長與別人建立平等的關係，更何況面對自己的弱點是件可怕的事。

這就是不願面對痴漢問題，一味主張痴漢行為也可能被冤枉的男性。人只看自己想看的，但男性會變成痴漢的本質，就在那些他們不願面對的事情裡面。一如前述，這些男性之所以不願正視痴漢行為，在於男性其實都有潛在的痴漢性格，正因為覺得自己也有可能成為加害者，所以才無法面對痴漢行為。容我重申一次，痴漢行為不是女性的問題，是男性的問題。男性遲遲不願正視這個問題，只想把所有希望都依託在「女性的努力」上，痴漢完全撲滅的那天恐怕永遠不會到來。

徹底打造不再有任何痴漢事件發生的社會

除了要求所有的男性檢視自己的價值觀之外，也得全面改革應對痴漢的系統。「一旦舉報他，他的人生說不定就毀了」，為了不讓女性再有這樣的負擔，我認為「第一次的逮捕不能只以和談收場，還得要求加害者接受治療」。

為此，我認為大眾有必要了解，支付和解金無法讓那些視痴漢行為如命，長期耽溺於犯行的人戒掉這個壞習慣。直到被起訴之前，他們早已犯案四、五次，每次都有新的受害者出現，所以當他們第一次被逮捕，除了給予懲罰之外，更得強制他們接受治療。一般認為，在他們成為慣犯之前，強迫他們接受治療特別有效果，讓慣犯持續接受治療也是這個社會的義務。

再者，如果他們能一邊擁有正常的社交生活，一邊接受治療的話，何來「人生毀於一旦」的說法，女性舉報痴漢的門檻也會因此降低，充其量這個方案的用意不在於保護性暴力罪犯，而是「不讓更多被害者出現」。

一旦這個治療制度成立，痴漢的初犯有可能會害怕自己成為慣犯而主動接受治療。若能在認知尚未嚴重扭曲之前就接受治療，治療效果肯定非常顯著，這在犯行升級之前是非常重要的一步。

為此，鐵路公司與警察也必須明白「痴漢行為是性成癮症的問題，可透過治療根除」。除了在車廂之內張貼海報或是透過廣播說明這些訊息之外，更要想辦法讓那些加害者能直接得知這些訊息。

比方說，東京都交通局每年都會與警察合辦「撲滅痴漢活動」，這幾年也透過插圖教育乘客，讓女性在求救時，周遭的乘客願意合力捉住痴漢，此外，大家應該都看過寫著「痴漢行為是犯罪」、「用大家的勇氣與正義之聲撲滅痴漢」的海報。有不少意見認為，這種漫畫般的筆觸以及將希望寄託在女性的「勇氣與呼救」不符合主題。

此外，為什麼這類海報不能貼在電車車廂呢？車站站內當然也會發生痴漢犯行，也有痴漢會在月台尋找獵物，所以在車站內部張貼這類海報固然是正確的，但大部分的痴漢都選擇在擠滿人的電車，也就是這種異常的空間犯案，所以若不直接讓這些在犯行現場虎視眈眈的痴漢了解這類訊息，那恐怕會事倍功半。

比起「痴漢行為是犯罪」、「用大家的勇氣與正義之聲撲滅痴漢」這類標語，「痴漢行為是成癮症的一種」、「痴漢行為可透過治療阻止」的訊息恐怕更有效果。為此，當然要設立專門的治療機構與招募適當的人材。痴漢不僅踐踏了女性的尊嚴，也浪費了社會資源，因此由整個社會付出成本，建立相關的治療機構與招募人材當然有其意義。

此外，全國各地雖然張貼了有許多痴漢海報，但大部分的海報都不會畫出

「痴漢加害者」的模樣。大部分的人都沒機會目擊痴漢，除非剛好人在痴漢被活逮的現場。只要大眾不了解痴漢的真面目，對痴漢的想像仍有誤解，那麼痴漢就不可能被撲滅，所以我們應該先讓整個社會了解痴漢到底是怎麼樣的人。

因此，我寫了這本書，揭露了痴漢的真面目，但願本書能成為撲滅痴漢的敲門磚與墊腳石。

痴漢心理學

厭女、猥褻、壓抑
帶你窺探集體沉默的變態文化

作者齊藤章佳
譯者許郁文
主編吳佳臻
責任編輯施文珍(特約)
美術設計羅婕云

發行人何飛鵬
PCH集團生活旅遊事業總經理暨社長李淑霞
總編輯汪雨菁
主編丁奕岑
資深美術設計主任羅婕云
資深美術設計李英娟
行銷企畫經理呂妙君
行銷企劃專員許立心

出版公司
墨刻出版股份有限公司
地址：台北市104民生東路二段141號9樓
電話：886-2-2500-7008／傳真：886-2-2500-7796
E-mail：mook_service@hmg.com.tw
發行公司
英屬蓋曼群島商家庭傳媒股份有限公司城邦分公司
城邦讀書花園：www.cite.com.tw
劃撥：19863813／戶名：書虫股份有限公司
香港發行城邦（香港）出版集團有限公司
地址：香港灣仔駱克道193號東超商業中心1樓
電話：852-2508-6231／傳真：852-2578-9337
製版・印刷藝樺彩色印刷製版股份有限公司・漾格科技股份有限公司
ISBN978-986-289-545-0
城邦書號KJ2003 **初版**2021年02月
定價400元
MOOK官網www.mook.com.tw
Facebook粉絲團
MOOK墨刻出版 www.facebook.com/travelmook

國家圖書館出版品預行編目資料

痴漢心理學/齊藤章佳作；許郁文譯. -- 初版. -- 臺北市：
墨刻出版股份有限公司出版：英屬蓋曼群島商家庭傳媒股
份有限公司城邦分公司發行, 2021.02
280面；14.8×21公分. -- (SASUGAS；03)
譯自：男が痴漢になる理由
ISBN 978-986-289-545-0(平裝)
1.犯罪心理學 2.性犯罪
548.52 110000305